VOYAGE A LA GRANDE-CHARTREUSE

DU DAUPHINÉ

VOYAGE

A LA

GRANDE-CHARTREUSE

DU DAUPHINÉ

PRÉCÉDÉ

DE LA VIE DE SAINT BRUNO

Monsieur de FALLOUX, ancien Ministre de l'Instruction publique,

Par M. VIVÈS (Joseph-Benjamin),

Magistrat, Homme de lettres

— Nomen sibi fecit eundo.
— Feliciter sapit, qui alieno periculo sapit.....

NIMES.

IMPRIMERIE SOUSTELLE-GAUDE,

Boulevard Saint-Antoine, 9

1855.

CABINET
DU MINISTRE
DE
l'Instruction publique
ET DES CULTES.

Paris, le 23 mai 1849.

« Monsieur,

» J'ai reçu la relation de votre voyage à la *Grande-Chartreuse*
» dont vous avez bien voulu me faire hommage en me le
» dédiant.

» Je vous suis très-reconnaissant, Monsieur, de l'envoi de
» cet intéressant travail. Veuillez croire que je l'ai lu avec le
» plus vif intérêt.

» Je vous prie d'agréer, Monsieur, avec mes remercîments,
» l'assurance de ma considération très-distinguée.

» *Le Ministre de l'Instruction publique et des cultes,*

» Signé : FALLOUX. »

M. Vivès, homme de lettres, à Lyon.

ODE A SA SAINTETÉ PIE IX, SOUVERAIN-PONTIFE.

Crux alma, salve Crux venerabilis !

Image du Sauveur que l'Univers adore ,
Qui de tous les humains fais la force et l'espoir,
Soleil resplendissant, sans déclin, sans aurore ,
Je n'ai pu résister au plaisir de te voir !
    Je viens du sein de la poussière
    Contempler ta vive lumière ,
    Admirer tes traits ravissants ,
    Agrandis , élève mon âme,
    Afin qu'un rayon de ta flamme
    Anime et soutienne mes chants !...

⟡

Céleste Croix ! ton origine
Des temps a précédé le cours ;
Par toi-même, essence divine,
Tu fus et tu seras toujours !...
Quand des ans tout subit l'outrage,
Sur l'abime où rien ne surnage
Ton signe demeure constant ,
Et , dans leur marche mesurée
Tous les siècles à ta durée
N'ajoutent pas un seul instant !

Près de toi tout ce qui respire ,
Saint-Père, est plein de majesté !
Point de limite à ton empire
Qui fut toujours l'immensité !...
Comme Dieu , ton regard embrasse
Le vaste océan de l'espace .
Trop étroit pour le contenir ,
Et ta prophétique pensée
Au delà des temps élancée
Lit les secrets de l'avenir !

Quand du soleil l'avant-courrière
Au monde annonce la clarté ,
Je vois dans sa douce lumière
Le sourire de ta bonté !
Au réveil du jour , la nature
M'offre dans sa riche parure
Tes trésors pour les malheureux ,
Et dans l'ombre de la nuit même
Brille le triple diadème
Qui ceint ton front majestueux !!

Religion universelle ,
Partout éclatent tes effets ;
Partout , Providence éternelle ,
Se manifestent tes bienfaits !
Qui pourrait nier ta puissance ?
De toi découle l'existence ;
Le néant conçut à ta voix ;
Au-dessus des cieux et des âges ,
Tranquille , tu vois tes ouvrages
Suivre tes immuables lois !

Mes faibles vers , *Souverain-Maître* ,
Te sont offerts pour te bénir ,
Te voir , t'admirer , te connaître ,
Saint-Père , était mon seul désir !
En vain l'intelligence humaine
De sa lueur pâle , incertaine ,
S'efforcerait de m'éclairer :
A mon cœur tu te fais entendre ,
Et ta bonté me fait comprendre
Que je saurai toujours t'aimer !!!

QUELQUES MOTS

SUR

LA VIE DE SAINT BRUNO

QUI FONDA L'ORDRE DES CHARTREUX

VERS L'AN 1080.

Stella deserti !...

L'on ne traite aujourd'hui aucun sujet sans préface, sans biographie de l'acteur principal : les opuscules les plus modestes en sont précédés, et nous reconnaissons que c'est là un bien, souvent même un guide agréable pour l'intelligence du lecteur ; aussi, imitant nos devanciers, donnerons-nous, avant la description de notre voyage à la Grande-Chartreuse du Dauphiné, une courte notice sur la vie du saint patriarche du désert :

Bruno naquit à Cologne, vers l'an 1035, d'une famille ancienne et noble ; ses ancêtres (suivant la chronique du temps), auraient reçu de l'empereur Trajan, mais sans l'accepter, la mission de fonder une colonie dans les provinces germaniques ; toujours est-il que les parents de Bruno devinant, de bonne heure, les desseins de la divine Providence, ne négligèrent rien pour donner à leur fils une éducation religieuse, entièrement conforme à sa vocation.

Il avait à peine commencé ses premières études dans la collégiale de SAINT-CUNIBERT, sa ville natale, qu'il s'y distingua d'une manière à la fois si rapide et si brillante, que, malgré son jeune âge, le vénérable archevêque de Cologne, SAINT ANNON, voulant l'honorer de toute sa bienveillance, le nomma chanoine métropolitain. Une telle faveur était, sans contredit, bien propre à l'encourager pour arriver promptement aux plus hautes fonctions du sacerdoce où l'esprit divin l'appelait si visiblement !

BRUNO, cependant, ne fut pas ébloui de cette première dignité : il comprit, au contraire, que pour s'en montrer de plus en plus digne aux yeux du monde, il devait se hâter de puiser des connaissances plus vastes dans les textes sacrés, comme dans les lettres profanes, et, dans ce but, il se rendit à l'école la plus célèbre de l'époque, qui était celle de Reims, où, comme à Cologne, il obtint, en très-peu de temps, les plus grands succès !

De là il fut à Tours étudier la philosophie sous BÉRANGER, l'un des chanoines de Saint-Martin, mais ce ne fut qu'avec une prudente réserve qu'il suivit son nouveau professeur, dès qu'il s'aperçut de la mobilité de sa foi et de l'erreur dont ses doctrines paradoxales étaient souvent imbues. Il sut éviter cet écueil qui, pour tout autre qu'un saint, aurait été funeste, et retournant à Cologne dès qu'il eut complété ses études théologiques, il entra dans les ordres sacrés ; mais loin de vouloir y rechercher les distinctions et l'éclat que méritaient son talent et ses hautes vertus, il n'eut d'autre ambition au cœur qu'une grande modestie : celle de s'y dérober en allant prêcher avec simplicité, avec humilité dans toutes les campagnes voisines, où persuadant sans cesse par l'autorité de sa parole et de ses exemples, il opéra de nombreux miracles de grâce et de salut.

Sa réputation grandissant chaque jour, s'étendit en tous lieux et parvint à Reims où GERVAIS, alors archevêque, qui n'avait pas oublié les premières et brillantes études de BRUNO, le rappela pour diriger les écoles ecclésiastiques de son diocèse, honneur qu'il méritait et qu'il justifia pleinement !

Malgré sa répugnance pour tout ce qui tendait à l'élever au-dessus de la modeste sphère dans laquelle il se complaisait à faire le bien, il ne sut pas refuser à son ancien et digne chef et se rendit à Reims.

Là, il fut bientôt nommé chanoine théologal et chancelier des études ; mais toujours rempli de cette aimable et douce humilité, il n'était désigné à l'affection de ses collègues , au respect de ses disciples, que comme le *prédestiné de Dieu !*

Le bonheur n'est jamais parfait , ni de longue durée sur la terre, et BRUNO en fit, bien jeune encore, la triste expérience, car son âme fut doublement attristée et par la mort de GERVAIS, son vénérable protecteur, et par les tribulations de toute espèce que lui suscita bientôt l'usurpateur du siége de Reims, MANASSÈS II, lequel n'avait employé pour y parvenir que des voies simoniaques, indignes d'un ministre du saint sacerdoce.

C'est en vain que ce dernier mit en œuvre, pour s'attacher BRUNO et gagner sa fidélité, la séduction de toutes les faveurs dont il pouvait disposer ; non-seulement BRUNO persévéra dans son louable refus, mais il eut encore le courage de déposer contre le faux Prélat devant le Concile d'Autun. Là , MANASSÈS qui pressentait d'avance le jugement de l'Eglise, ne se présenta pas et fut unanimement déclaré *suspendu.*

En rendant compte au Souverain-Pontife de la décision suprème du Concile, le légat du Saint-Siége, HUGUES, de Die, signala la belle conduite de BRUNO et le désigna pour l'archevêché de Reims, comme étant, aux yeux de tous, le plus digne de le relever et de le remplir ! Mais BRUNO dont la seule ambition était toujours de demeurer inconnu et de servir Dieu dans une obscure retraite déclara humblement qu'il ne pouvait accepter. Cependant, voyant que le moment pour lui approchait d'opter entre cette éminente dignité ou d'échapper par la fuite à la responsabilité du fardeau, il quitta secrètement le diocèse de Reims et se rendit à Paris, ou s'étant lié avec RAYMOND DIOCRÈS, l'un des docteurs les plus éminents, les plus renommés de l'Université, il ne songea plus qu'à réaliser son vœu le plus cher, celui de renoncer au monde pour se vouer à jamais à la vie religieuse et tout à la fois contemplative des déserts !

Selon les uns, la légende attribue la ferme résolution de BRUNO pour cette vie érémitique, aux derniers moments de son illustre ami qui se disait *condamné par le juste châtiment de Dieu;* d'autres, au contraire, la font remonter aux incessantes persécutions de MANASSÈS, après que celui-ci eut été déposé et définitivement déclaré déchu du siége archiépiscopal. Mais toujours est-il qu'avant de quitter le monde, BRUNO remonta, une deuxième fois, dans sa chaire de théologie à Reims, et qu'il y prêcha avec tant de simplicité et d'onction, que la plupart de ses fidèles auditeurs déclarèrent, hautement, vouloir le suivre partout où le doigt de Dieu lui assignerait une retraite.

Quoiqu'on ne parlât plus en tous lieux que de l'éloquence persuasive de BRUNO et de sa rare piété évangélique, ce grand missionnaire voulut encore s'entourer de nouvelles lumières, d'un guide plus sûr, et la divine Providence le lui montra dans saint ROBERT, abbé de Molesmes, qui fonda, peu de temps après, l'ordre de Citeaux. — Là, BRUNO, véritablement heureux et reposé, s'entretenait avec lui et ses dignes religieux sur les beautés éternelles, inénarables, de la vie mystique, et dès ce moment son plan fut arrêté de fonder, à son tour, une Maison-Mère d'un ordre nouveau : les *Chartreux.*

Notre Saint que de tels exemples entretenaient de plus en plus dans sa pieuse résolution, les mettait à profit pour l'accomplissement de son œuvre future , et tous ses instants étaient consacrés à de solennelles méditations.

Dans la nuit, il eut une vision céleste ; trois anges radieux lui apparurent en songe pour lui annoncer les desseins du Tout-Puissant, et, dès le point du jour, réunissant autour de lui les six disciples qui ne l'avaient pas quitté depuis son départ de Reims , et dont la foi avait été toujours vive , toujours inébranlable comme la sienne , il leur révéla la divine apparition qui devait être pour tous le signal d'un prochain départ.

Bruno n'hésita pas à choisir préférablement les Alpes du Dauphiné , parce que dans ces lieux la nature est toujours plus âpre , la solitude plus profonde et que saint Hugues , alors évêque de Grenoble , avait été son élève à Reims , et que sa bonté bien connue , leur viendrait en aide pour assurer le succès de leur périlleuse et sainte entreprise !

Nous devons dire que dans le même temps le saint prélat de l'Isère avait eu , lui aussi, une vision miraculeuse qui l'ayant transporté au sein du désert sauvage , avait fait briller *sept étoiles* au faite d'un édifice religieux, projeté sur les profondeurs des abimes par le souffle puissant de Dieu , et dont il était appelé à poser les premiers fondements.

Après quelques jours d'une pénible marche à travers la France , Bruno et ses six compagnons arrivèrent à Grenoble auprès de saint Hugues qui les accueillit avec la tendresse d'un père et la touchante bonté d'un ami. Bruno fut reconnu et demanda à être conduit par le vénéré prélat dans la retraite que le Tout-Puissant lui avait désignée, et qu'il devait bientôt sanctifier par ses prières , ses larmes, ses abstinences et ses travaux monastiques.

Dès ce moment, la lumière divine se fit : Hugues comprit la vision mystérieuse des *sept étoiles* , et voulut lui-même diriger les pas de ces pieux pèlerins vers leur nouveau séjour. Mais avant , il crut devoir leur faire une peinture fidèle de l'aridité de ce vaste désert, de l'épaisseur de ses forêts et des neiges éternelles qui les couronnent, du bruit incessant des torrents, des orages et des tempêtes qui les grossissent avec fracas, en un mot, de tout ce que cette sauvage nature a de plus triste, de plus glacial pour l'âme et de plus affligeant pour les yeux.

Une peinture si lugubre ne changea rien à l'inébranlable résolution de Bruno et de ses compagnons qui, bien loin de s'en attrister, bénirent doublement le Seigneur de leur avoir destiné un lieu en tout semblable à celui que leur ferveur avait si ardemment désiré !

Avant de les conduire dans le désert qui, plus-tard, devait porter le nom des fondateurs du nouvel ordre, SAINT HUGUES les retint auprès de lui pendant quelques jours, et s'entretint fréquemment avec Bruno des trésors divins que la grâce semblait amasser pour lui et ses fidèles compagnons.

Enfin, après la fête de saint Jean-Baptiste dont les nouveaux religieux devaient imiter l'austère pénitence, il les conduisit, résolument, dans le lieu où les sept étoiles lui étaient mystérieusement apparues. Ils marchèrent longtemps et péniblement, tantôt suspendus sur de profonds abîmes, tantôt perdus dans des sentiers obscurs, sans issue, les pieds déchirés par les ronces du chemin abrupte et rocailleux ; l'ayant heureusement découvert au milieu de ces énormes rocs noircis et amoncelés par la chute des temps, il les laissa là, en appelant sur eux et sur leur œuvre providentielle, les bénédictions du Ciel !

Lorsqu'ils furent seuls dans cette immense solitude, sans autres témoins que le Ciel, sans autre guide que l'esprit de Dieu, et en présence de l'éternité, ils se construisirent des cabanes avec de la terre délayée et des branches d'arbres, et à côté de celle de SAINT BRUNO un oratoire dans le fond d'une grotte. C'est là que leur saint fondateur les réunissait pour méditer dans le silence et le recueillement, pour implorer les grâces du Ciel qui fécondent et élèvent toujours les âmes vers Dieu ! Souvent même , il s'éloignait d'eux pour aller au loin s'enfermer dans les endroits les plus cachés du désert, se livrer à la contemplation des choses divines !...

L'on voit encore aujourd'hui la chapelle de SAINT BRUNO et la source abondante qui , à sa voix , jaillit au pied du rocher.

Constamment occupé de ces bons religieux , l'Evêque de Grenoble employa tout son crédit auprès de SÉGUIN, abbé de la Chaise-Dieu , et des seigneurs qui partageaient avec lui la propriété du désert, pour en obtenir la cession en faveur de BRUNO. Le succès ayant couronné sa démarche , il s'empressa d'aller porter cette bonne nouvelle aux anachorètes , et leur fit construire , à ses frais, la première église dédiée à la SAINTE-VIERGE MARIE et à SAINT JEAN-BAPTISTE; elle fut érigée sur l'emplacement qu'on appelle , de nos jours , *Notre-Dame-de-Casalibus.*

Saint HUGUES ne borna pas là ses bienfaits : il voulut encore remplacer les modestes et frêles cabanes des Chartreux, par des cellules plus solides et par un monastère.

Il les visitait fréquemment, et se délassait auprès d'eux des fatigues et des soins de son diocèse; il était même si heureux de s'entretenir avec BRUNO, son directeur et son confident, qu'il ne le quittait qu'avec peine , et que ce dernier était souvent obligé de lui rappeler qu'une absence trop prolongée, pourrait nuire aux intérêts du troupeau confié à sa vigilante sollicitude de premier pasteur.

Selon l'abbé de Cluny, PIERRE-LE-VÉNÉRABLE , ces bons frères Chartreux vivaient dans une grande mortification et la plus rigoureuse abstinence, n'ayant pour toute nourriture que des racines, quelques fruits, du pain mal préparé et de l'eau.

Jusques-là , ne demandant rien de mieux pour le salut de leur âme, ils étaient heureux au sein d'une paix profonde, loin des orages de la vie et des agitations tumultueuses du monde. Bruno, lui-même, se croyait oublié et ne songeait qu'à fortifier sa foi et celle de ses disciples dans la douceur de la vie érémitique, quand Eudes, son ami, son ancien disciple, chanoine de Reims, fut élevé sur le siége de la Papauté sous le nom d'Urbain II, et s'empressa de l'appeler auprès de lui, certain que les conseils et les lumières de Bruno lui seraient du plus grand secours, à cette époque où un schisme déplorable déchirait le sein de notre mère, l'Eglise romaine.

Bruno, qui n'avait jamais connu que l'obéissance et la soumission la plus absolue aux volontés du chef de la chrétienté, éprouva, néanmoins, une bien vive douleur d'être obligé de se séparer de ses frères chéris au moment où il était si heureux en faisant leur bonheur. Aussi, dès que les ordres du Souverain-Pontife furent connus des Chartreux, ceux-ci fondirent en larmes, et ne se résignèrent que bien difficilement à la perte douloureuse de leur père chéri !... Toutefois, pour adoucir l'amertume d'une séparation devenue nécessaire, Bruno choisit pour le remplacer dignement le frère Landuin, le premier qui l'avait suivi dans ce désert, et mit en lui toutes ses espérances pour la continuation de l'œuvre si saintement commencée !...

Dès son arrivée à Rome, Urbain II l'accueillit avec les mêmes marques d'affection et de confiance qu'il lui avait témoignées avant son avénement à la chaire de saint Pierre, et le logea dans son Palais pour l'honorer encore davantage, et l'avoir plus près de lui.

Mais à peine saint Bruno était-il arrivé dans la ville éternelle, que ses disciples de la Chartreuse, inconsolables de son absence, résolurent d'aller vers lui en députation, et, dans ce dessein, plusieurs frères s'étant réunis, se rendirent à Rome, peu de temps après lui.

Dès qu'il les vit, son cœur fut, sans doute, transporté

d'une douce joie, mais il ne leur laissa pas ignorer, qu'il était profondément affligé de ce qu'ils avaient si tôt abandonné le berceau de l'institution, où une foi plus vive, plus persévérante aurait dû les retenir, car la récompense de leur pieux dévoûment, de leur généreux sacrifice, devait avoir pour prix la béatitude éternelle !

Ils comprirent aisément leur faute, et regrettant alors les montagnes silencieuses de la Chartreuse, leurs abstinences et les exercices de piété, plusieurs d'entre eux reprirent le chemin du désert, aidés par les dons de Bruno, et y arrivèrent à bon port.

Le saint fondateur de l'ordre voulut, pourtant, retenir auprès de lui et de son auguste souverain les religieux Lambert et Landuin, ce dernier qui devait, quelques années plus tard, lui succéder dans la direction de la maison de Calabre. Quant aux autres frères, ils reprirent, avec plus de zèle et d'ardeur, le saint travail de la pénitence et les pieux exercices, dès leur retour à la Grande-Chartreuse.

Saint Bruno qui aurait préféré les suivre que de demeurer à la Cour d'Urbain, tant il aimait sa première obscurité, les accompagna longtemps de ses prières et de ses vœux, tout en conservant l'espoir de les retrouver un jour dans leur sainte retraite !

En attendant, le Saint-Père qui s'applaudissait de plus en plus des sages avis et du concours éclairé de son fidèle ami, ne négligeait aucune occasion d'exalter ses vertus et sa modestie devant les princes étrangers qu'il recevait à sa Cour. L'un d'eux, juste admirateur de son mérite et de sa haute réputation, le demanda pour l'Archevêché de *Reggio*; mais saint Bruno fuyant toujours les honneurs et la dignité du sacerdoce, fit nommer à sa place Rangier, l'un de ses anciens disciples de Reims, qui était alors simple bénédictin au monastère de la *Cava*.

Le Souverain-Pontife qui, à cette époque de troubles et de

déchirements, avait besoin de l'appui de tous les Princes voisins, pour assurer le triomphe de son Eglise, se rendit en Calabre avec BRUNO dont il ne se séparait jamais. Là, notre saint dont l'aménité et le savoir lui faisaient tant de prosélytes, se concilia bientôt la vive affection du fameux comte ROGER, fondateur de la monarchie des Deux-Siciles. Ce dernier, sachant combien le vertueux anachorète regrettait le calme de son désert et ses bons frères Chartreux, lui offrit dans ses vastes Etats d'Italie le territoire de *la Tour*, pour y fonder un semblable monastère, et URBAIN II qui connaissait aussi les profonds regrets de BRUNO, y consentit avec d'autant plus d'empressement, qu'en se l'attachant davantage par ce nouveau lien qui le tenait près de lui, il seconderait, en même temps, les desseins de Dieu.

En effet, il put l'appeler successivement aux conciles de *Bénevent*, de *Troyes* et de *Plaisance*; mais, après ce dernier, BRUNO se retira définitivement dans son nouveau cloître de *la Tour*, où ne s'occupant plus des affaires du Saint-Siége, il se livra, tout entier, à ses premières et chères pratiques de piété. Il écrivit une touchante lettre au seigneur RAOUL, prévôt de Reims, pour lui vanter les ineffables douceurs de sa retraite et l'inviter à les partager. Plus tard, cédant enfin à de si bons conseils, RAOUL se fit religieux à l'abbaye de Saint-Remi, d'où il ne fut tiré en 1108, que pour s'asseoir sur le siége Archiépiscopal de Reims.

Dans leur paisible ermitage de Calabre, BRUNO et ses nouveaux compagnons, ne cessèrent d'être l'objet de l'estime et de la protection puissante du comte ROGER qui, après avoir heureusement achevé l'œuvre de son père en expulsant les dernières hordes de Sarrasins, fit construire à Palerme la magnifique cathédrale et la chapelle royale que l'on y admire encore de nos jours, comme un chef-d'œuvre de l'art religieux.

Enfin, étendant aux saints ermites ses libéralités, il fit

construire pour Bruno et ses disciples une église et un couvent au milieu même de la forêt, et l'appela le monastère *St-Etienne del bosco* ou *de nemore* ; il n'était éloigné que d'une demi-lieue de celui de Sainte-Marie *de ermo*, ou de l'Ermitage, et saint Bruno devint le supérieur de l'un et de l'autre monastère.

Bientôt, il vit se grouper autour de lui, dans ces saintes demeures, de fidèles croyants, de nouveaux frères qui embrassèrent avec ardeur la règle austère de son ordre.

En ce temps-là, le comte Roger assiégeant Capoue, faillit être pris et assassiné par suite de la trahison d'un capitaine grec nommé *Sergius* ; mais ce dernier étant tombé dans les mains du comte avec la plupart de ses complices, allait, comme eux, subir le dernier châtiment réservé à ce crime, lorsque Bruno implora la clémence du vainqueur et fit commuer leur peine en celle du servage. — Ce nouveau trait de charité se répandit dans la Péninsule italique, et le rendit encore plus populaire.

Malgré les soins incessants qu'exigeaient les deux nouveaux établissements de Calabre, Bruno n'oublia jamais ses bons frères de Chartreuse : il leur écrivit souvent, et ceux-ci lui envoyèrent leur prieur Landuin qui rédigea avec Bruno la constitution définitive de l'ordre de la maison-mère, reproduite plus tard sous forme de règle, par le vénérable Guigue, et si fidèlement observée depuis, jusqu'à nos jours.

Ce ne fut qu'avec le plus grand regret que Bruno se sépara du vertueux Landuin, déjà accablé par le grand âge, les rudes infirmités et les fatigues d'un si long voyage. Néanmoins, il fallut s'y résoudre, et ce fut en 1098, que ce bon vieillard quitta l'ermitage de *la Tour*, porteur d'une précieuse lettre de Bruno pour ses anciens disciples, dans laquelle il exprimait avec effusion son ardent désir d'aller les retrouver tous un jour !

En traversant les côtes d'Italie, encore en proie au schis-

me le plus violent , le R. P. Landuin fut arrêté par les parti-
sans de l'anti-pape Guibert, qu'il ne pouvait reconnaitre , et
jeté, sans pitié , dans un humide cachot. Ce ne fut qu'à la
mort de ce persécuteur de la sainte Eglise catholique , qu'il
fut rendu à la liberté ; mais ses longues souffrances et sa dure
captivité avaient épuisé ses forces physiques et hàté sa fin.
Ne pouvant, dès lors, retourner dans les Alpes du Dauphiné,
il mourut en route , dans un monastère d'Italie. Heureusement que le frère convers qui le suivait , et qui avait pu ,
comme par miracle , s'échapper au moment de l'arrestation
de Landuin , avait porté en triomphe la lettre de saint Bruno
aux vénérables religieux de la Grande-Chartreuse.

Peu de temps après , saint Bruno vit avec une profonde ,
une indicible douleur , s'éteindre graduellement ses protec-
teurs les plus puissants , ses amis les plus fidèles et les plus
zélés : Urbain II mourut en 1099 ; Landuin en 1100 ; le comte Roger en 1101, et lui-même ne leur survécut pas longtemps.

Quand il sentit que le moment suprème de quitter
cette douloureuse patrie pour le séjour de l'éternelle paix
s'approchait, il réunit autour de lui ses disciples bien-aimés,
qui fondaient en larmes et fit publiquement la confession de
sa vie , en leur demandant humblement s'ils le croyaient
assez digne de recevoir le Saint-Viatique du chrétien ?

Dès qu'il fut muni des derniers sacrements de l'Eglise, il
recommanda d'une voix faible et mourante à ses frères dé-
solés , l'*union* , la *charité* et l'*amour de Dieu* ; puis, il s'endormit du sommeil des justes dans les bras de l'ange conso-
lateur qui veillait à son chevet et qui remonta au ciel en em-
portant ce souffle divin !

Saint Bruno était âgé d'environ 70 ans, et avait dirigé
pendant dix-sept ans les monastères de la *Chartreuse* et de
la *Tour*, fondés par sa piété ;

Sa dépouille mortelle fut exposée, pendant trois jours, à la vénération des fidèles qui lui rendirent les honneurs dùs à un saint , et ces justes hommages sont ratifiés aujourd'hui par un culte universel !

De tous les bienheureux que l'Eglise vénère, saint BRUNO , l'un des docteurs les plus érudits, les plus distingués de son siècle, est le seul qui lui ait inspiré *cent soixante-seize orai- sons funèbres*, et dans ces éloges que justifie le mérite le plus éclatant, il était tour-à-tour appelé : *Clericorum lumen ; sa- cerdotum splendor ; stella deserti ; Ecclesiæ murus ; doctor doctorum ; loquendo disertus ; fons philosophiæ ; religionis interpres ; mundi splendor ; dux sanctorum ; vir eximius ; vir fuit æqualis vitæ ; semper erat festo vultu, etc. etc.*

Enfin , pour couronner cette vie si grande , si dignement remplie , disons avec *Feller* , que son plus bel ouvrage est l'*Ordre même des Chartreux* que les toiles sublimes de LE SUEUR ont immortalisé !

VOYAGE

A LA

GRANDE-CHARTREUSE

DU DAUPHINÉ (Isère).

Plus vident tuis oculis quam alienis.

C'était en 1846, dans les premiers jours du mois d'août, et par une température douce et bienfaisante que , séduit par tout ce qu'on m'avait raconté des bons Frères Chartreux , je quittai Grenoble à quatre heures du matin , bien résolu à prendre gîte, le même soir, dans le couvent des pieux cénobites.

La route qui n'a pas moins de quatre lieues, me parut très-courte à cause de la variété du site , de la beauté pittoresque et grandiose des montagnes dont la cime fatigue la vue en se perdant à l'horizon.

D'un côté, ce sont de bruyantes et hardies cascades, dont le bruit monotone et régulier paraît étrange au voyageur ; de l'autre, ce sont des rochers incommensurables, qui semblent se détacher de la crête des montagnes , et le menacer dans son entreprise périlleuse; dépourvus de cette végétation fabuleuse que l'on voit dans les collines et dans les plaines, ces rocs dénudés et noircis par tant de tempêtes, inspirent à l'étranger de profondes et sévères méditations sur ces athlètes de la foi que le doigt de Dieu conduisit dans le désert où saint Bruno jeta le premier et impérisable fondement de la Grande-Chartreuse.

Deux routes principales conduisent de Grenoble au Monastère : celle du Sappey, et celle de St-Laurent-du-Pont, par Voreppe. — Le voyageur qui vient de Lyon, prend toujours cette dernière, comme offrant moins d'obstacles d'abord, et ensuite parce qu'elle déroule à ses yeux la plus riche, comme la plus féconde vallée !...

Si, pour la première fois, il visite les montagnes des Alpes, il sera tout étonné de trouver, après le défilé d'une demie-lieue de largeur, deux rochers escarpés, dont l'un, celui du couchant, porte le nom de la *Dent-de-Moirans*, parce qu'il s'élève majestueusement au-dessus de la plaine où se trouve le bourg de ce nom. — L'autre, dont la crête aiguë et formidable, semble toujours menaçante, domine Voreppe, et se nomme le *Pic-du-Châlais*. L'archéologue qui contemple avec avidité ces merveilles de la nature, remarque sur ce rocher un belvédère qui fut autrefois une dépendance du couvent de Châlais, occupé par les Chartreux, et aujourd'hui par les Dominicains, dont le célèbre prédicateur, le R. P. Lacordaire a rétabli l'ordre religieux.

La vallée de Voreppe n'est qu'un dôme continuel de verdure et de tableaux de la plus fertile végétation ; le sol, quoique noirâtre, est couvert de peupliers, de noyers vigoureux et de ceps de vignes, qui s'enlacent à tous les arbres et forment de vertes et régulières arcades, sous lesquelles croissent les plus riches moissons !... Le chanvre, surtout, y est d'une telle venue, que sa hauteur moyenne est de sept à huit pieds. — L'Isère, dont les eaux abondantes et torrentielles ne sont utilisées par aucune usine, serpente le long des rochers de Voreppe, et à l'autre extrémité de la vallée, elle dessine par ses gracieuses sinuosités, les larges bases des montagnes de Veurey et de Sassenages.

Placé sur le pont de Voreppe que la main hardie de l'homme a jeté sur un torrent impétueux et rocailleux, l'amateur des beautés de la nature n'a rien de plus à désirer pour compléter le charme de son imagination.

Çà et là, en suivant les berges du torrent écumeux, on voit de modestes habitations bien peu nombreuses, mais groupées cependant autour du clocher champêtre, dont la pointe s'harmonise avec celles de ce modeste village.

Le voyageur qui avance vers le Monastère et qui quitte la vallée de Voreppe, voit fuir dans le lointain, le paysage délicieux qui avait reposé sa vue; mais il en est bien dédommagé au détour de la route, par l'apparition soudaine d'une plus riche vallée, celle de *Tullins,* que M. de Châteaubriand, dans une description qui n'appartient qu'à son génie, place bien au-dessus des plus beaux sites des Pyrénées!...

Cependant, à mesure que se fait l'ascension vers la montagne, la végétation s'affaiblit et devient stérile, avant même d'arriver à celle des sapins séculaires qui se trouvent partout, et qui couronnent ces lieux abruptes et déserts.

Je traversai pourtant encore le gracieux vallon des Pommiers qui pullule de riants vergers, chargés de fruits, et là, me reposant de mes fatigues, j'en savourai de délicieux. Des hameaux y sont disséminés, et quelques pauvres chaumières s'étendent de Châlais jusqu'aux portes de l'immense désert de la Chartreuse.

Je montai jusqu'au col de la Placette qui s'élève au moins d'une lieue au-dessus du village de Voreppe, que je venais de quitter, et je descendis jusqu'au même niveau pour arriver à *Saint-Joseph*, séjour agreste, embelli par les accidents les plus pittoresques du sol.

Peu de temps après, j'étais au village de St-Laurent-du-Pont, le dernier qni conduit à la Grande-Chartreuse.

Là, tout près d'un monticule pyramidal ombragé par des sapins et des hêtres , se voit l'église à environ trente mètres du chemin , et c'est sous les murailles d'une faible terrasse que protége le cimetière et la plate-forme, que roule le petit torrent dévastateur du désert... Dans ses crues fréquentes et irrégulières , il oppose souvent une barrière infranchissable aux habitants de Saint-Laurent.

C'est dans ce village, d'une médiocre apparence, que tous les voyageurs s'arrêtent , ne pouvant continuer la route en voiture ; là , on prend des guides et des mulets pour arriver à la Grande-Chartreuse qui n'est plus éloignée que de huit kilomètres.

Le paysagiste aime ordinairement, avant de quitter Saint-Laurent-du-Pont , à dessiner ses maisons à galeries de bois ; percées de lucarnes , à angles aigus , et dont la plupart des toits sont couverts de planchettes (à défaut d'ardoises) qu'on nomme dans le pays *essandoles*. Cette forme bizarre rappelle les villages de *l'Oberland* et du canton de *Lucerne*.

C'est en sortant de ce village , et après y avoir fait un confortable déjeûner, assaisonné par le plus grand appétit , que je vis devant moi, l'ouverture des hautes montagnes indiquant la direction du désert qui ne peut avoir-là d'autre issue.

Ici commence le véritable pélerinage du célèbre Monastère : un chemin étroit ou petite venelle est cotoyé par le *Guiers-Mort*, torrent souvent impétueux qui prend sa source au pied du désert, et qui est, en plusieurs endroits, parsemé d'énormes rocs qui sont autant de brisants sur lesquels rejaillit son écume.... A droite et à gauche , s'élèvent de riants coteaux à pente presque insensible et totalement boisés. Arrivé à l'extrémité de ce vestibule , on est comme effrayé de voir se dresser fièrement deux immenses rochers qui semblent sortir du lit même du torrent , et dominer comme des géants immobiles tout le vallon, qui se trouve, en ce lieu, considérablement rétréci. C'est le premier pas que le voyageur étonné fait dans ce désert où la solitude inspire la plus profonde méditation.

Le point que je décris se nomme *Fourvoirie*; il est entouré d'une scierie, d'une ferme et de quelques usines bâties au pied des rochers contre lesquels la vague écumeuse vient expirer. Ces établissements donnent un peu de vie et d'animation à la sombre majesté des montagnes, et ils sont construits avec une solidité remarquable que l'on retrouve difficilement aujourd'hui. Ces établissements et toutes leurs dépendances appartenaient autrefois au couvent.

Il est beau de voir des hêtres séculaires balancer leurs rameaux verdoyants sur ces usines et sur ces eaux rapides qui semblent vouloir, dans leur impétuosité, briser les obstacles qui s'opposent à leur passage et qu'une main ingénieuse a disposées pour servir de force motrice à l'industrie de ces lieux.

Ensuite, je vis, avec une surprise mêlée d'admiration, ces portes gigantesques du désert que la main du grand architecte de la nature ouvrit dans les flancs de la montagne; et toutes ces merveilles, si bien faites pour inspirer le poète, le génie reproductif du peintre, me laissent le regret de ne pouvoir les exprimer aujourd'hui comme je les sentais alors!...

Je remarquai les débris d'un pavillon adossé au rocher, sur le torrent, ce qui fait présumer que, dans les temps primitifs, des portes unies à la voûte fermaient l'entrée du désert, comme les ponts-levis de nos villes fortifiées les ferment en s'abaissant, et cela s'explique par la guerre des *Camisards*, qui, mal éteinte au xviii° siècle dans le Dauphiné, menaçait d'envahir les Alpes comme les Cevennes.

Au-dessus de la voûte taillée dans le roc, et sur une partie du fronton, on voit la sculpture d'un globe portant une croix, ce qui rappelle les armes des Chartreux, au bas desquelles était la devise : *Stat crvx dvm volvitvr orbis.*

Quand j'eus franchi le seuil redoutable du chemin qui conduit, par de nombreuses sinuosités, au Monastère , je m'assis calme et pensif sur un des blocs informes de pierre que les avalanches fréquentes des montagnes font rouler dans ces forêts... Là, je me dis : Bientôt je verrai le séjour qui sépare les passions bruyantes de la vie, d'avec la paix si douce de la conscience; les nombreux chagrins de l'humanité s'oublient en songeant aux beautés éternelles, ineffables de la religion !...

Heureux celui qu'une vocation bien affermie conduit en ces lieux !... La vie érémitique de la Chartreuse jette un voile épais, impénétrable sur les plaisirs futiles et sur les biens fragiles de cette terre d'exil. Celui que l'indifférence ou la curiosité amènent dans cette solitude, peut-il se défendre de l'émotion que j'éprouvai moi-même? Non , à moins que son âme, entièrement blasée, ne soit fermée aux sentiments intimes de la nature.

En présence de tous ces étonnants prodiges, il en est un qui n'échappe jamais aux remarques du voyageur : c'est la route, elle-même , creusée en grande partie dans le roc et presque suspendue sur les abimes par des arcades d'une imposante élévation.

Je marchai quelque temps sous ces voûtes hardies que la nature soutient au-dessus de la tête du voyageur, comme le fil mobile soutenait , jadis , l'épée de *Damoclès.* — La création de cette voie rocailleuse et partout accidentée, appartient à dom *Pierre Leroux* , le trente-troisième supérieur général des Chartreux, qui s'en occupa très-activement à la naissance du xvie siècle ; elle ne fut terminée qu'en 1770.

Quoique le chemin décrive à vue d'œil les courbes et les sinuosités des montagnes, il ne cesse de suivre le *Guiers-Mort* au-dessus duquel il se déroule , et d'où l'on entend , tantôt le choc irrégulier d'une cascade, tantôt le bruit lent et paisible de l'eau qui glisse sur les graviers.

Avant la formation de la Grande-Chartreuse, on comprend facilement combien étaient grandes les difficultés que le sol opposait au passage de l'homme, et surtout à l'établissement du vaste Monastère qui s'y trouve aujourd'hui.

Ce n'est pas par là que le vénérable saint Bruno et ses disciples pénétrèrent dans la solitude et vinrent la peupler, comme plus tard, à leur exemple, sont venus leurs nombreux imitateurs.

En gravissant toujours les montagnes qui se succèdent en s'élevant, je ne quittai pas de vue le torrent dont j'entendais sans cesse les monotones chutes ; mais à mesure que mon ascension avançait, l'espace entre les montagnes semblait s'élargir, et ce n'était plus pour moi des efforts pénibles sur l'aridité des rochers, je voyais, au contraire, la taciturne verdure des sapins élancés, former un délicieux contraste avec la mobilité du feuillage plus tendre des bouleaux et des tilleuls; sous mes pieds, je foulais une mousse épaisse et fraiche qui tapisse jusqu'aux pierres du sol, et en contemplant de plus près ces sapins altiers, pressés les uns contre les autres, je me disais que toute la vigueur de leur sève s'était élancée vers la cime, alors que le tronc paraissait dépouillé de son branchage. Ces arbres non moins orgueilleux que le cèdre du Liban, ressemblent dans la profondeur des forêts à de hautes colonnes jusqu'au point où les rameaux verts s'unissent pour former un dôme épais, et si le soleil laisse converger ses rayons sur cette masse sombre, il en résulte des effets prismatiques qui font un mélange ravissant et d'ombre et de clarté.

Les sapins de la Suisse et de l'Italie, quoique beaux et renommés sont incontestablement inférieurs à ceux des montagnes de la Chartreuse, où la végétation abondante pourrait être comparée aux forêts vierges de l'Amérique du

sud : le hêtre, surtout , s'y élève à des proportions incon-
nues sur tout autre sol. Il est fâcheux, toutefois, dans l'intérêt de cette nature exceptionnelle , que la cognée ne cesse
journellement d'abattre les plus beaux arbres dont le com-
merce de la marine fait un si grand emploi... Il n'est pas
jusqu'aux fleurs de ces climats, qui disputent à tant d'autres
la beauté et l'éclat du coloris, dont le botaniste ne soit étonné,
et leur grand nombre déjà décrit par une plume savante
(M. A. Belleydier) , les distingue autant par la richesse que
par la profusion et la variété. Entre autres fleurs , je puis
citer la brillante renoncule à tête d'or ; le mobile tussillage ;
la digitale à grande corole ; des orchis de toutes les espèces ;
des trolles jaunes semblables à ceux de la renoncule des
jardins ; et quant aux arbrisseaux, le délicieux cytise à
grappes dorées; le flexible sureau à disques ombellifères ; le
rosier à fleurs vermillonées ; l'amelanchier agitant sur les
précipices les feuilles que le vent disperse et qu'un poète ro-
mantique a si ingénieusement appelées *les neiges odorantes
du printemps !...*

C'est en contemplant ces diverses productions de la végétation alpestre, que je poursuivais lentement ma route sur
le chemin , tantôt dangereux et difficile, tantôt large et com-
mode, et soutenu à de courts intervalles par des murs de
terrassement qui ne cessent de longer la montagne en remontant le torrent *Guiers-Mort*. Ce chemin coupe quelquefois
des clairières, d'où s'aperçoivent les sommets des plus hautes
montagnes, dominant les deux rives, où les escarpements
sont multipliés. — A leur pied s'élèvent des sapins, dont la
cime ne peut qu'atteindre la base de ceux qui leur succèdent
sur une assise de nouveaux rochers ; et c'est là le plus beau
tableau de la gravitation végétale.

Peu d'instants après , je fus appelé à la jouissance d'une
autre merveille de la nature ; deux rochers formidables s'élevant à une grande hauteur, supportent le pont d'une seule

arche jetée sur le torrent et connu , dans le pays , sous le nom de *Pont-Parent*. Avant d'y arriver , le voyageur rencontre un énorme rocher détaché des montagnes et jeté au travers du torrent comme un pont destiné à en faciliter l'accès et le passage. Au milieu de ces grandes images qui attestent la révolution de tant de siècles , mes pensées indécises errèrent dans le vague de la solitude et de la contemplation !....

Je fis encore une pause en cet endroit, et mon album s'augmenta de quelques notes. Là où le Pont-Parent est placé, aboutit une gorge étroite qui s'ouvre graduellement à la droite du touriste ; après avoir franchi ce pont remarquable , on voit que le chemin est transporté sur la rive opposée, et qu'il commence là, seulement , à être rude , raboteux et presque à pic.

On ne s'élève que bien péniblement sur le Rocher-Mur qui se trouve à une hauteur effrayante.

Mais nouvelle surprise pour l'étranger ! Pendant que le torrent du *Guiers-Mort* devient de plus en plus profond sous ses yeux, un accident des plus pittoresques l'arrête sur son chemin : c'est l'apparition d'un roc noirci et pyramidal qui semble lui barrer le passage et qui, vu au loin dans la gorge, parait s'élancer dans les airs ; il est connu sous le nom de *l'Aiguille*, qu'il justifie par sa forme prismatique, svelte et aérienne. Enfin, on voit sur le haut du minaret si longtemps inaccessible , des sapins et des hêtres verts, mais rares et espacés.

Autrefois, avant que la main de l'homme eût conquis du terrain sur l'abîme , il y avait là un défilé bien plus difficile à franchir que celui de Fourvoirie dont nous avons déjà parlé; mais des travaux opiniâtres et presque fabuleux ont vaincu toutes les difficultés qui s'opposaient au passage.

Le chemin, ouvert sur des voûtes élevées et inébranlables,

aboutit aux ruines de la seconde partie du désert, bâtie entre le pic de l'*Œillete* ou *Aiguille*, et le rocher escarpé de la gauche. Il y avait en cet endroit, en 1720, suivant la chronique des anciens temps, un bâtiment fortifié pour repousser les incursions du fameux brigand connu sous le nom de *Mandrin*, qui avait plusieurs fois menacé de piller le monastère de *Bruno*, avec sa redoutable bande de malfaiteurs. Mais il eût été facile d'empêcher d'une manière complète l'invasion de cette horde qui infestait le pays, en établissant là un pont levis, ouvert sur le précipice qui n'a pas moins de cinq cents pieds de profondeur.

A une petite distance du fort de l'Aiguille et après avoir suivi, pendant dix minutes, une pente douce et presque insensible, on retrouve une côte rampante et raboteuse qu'il faut gravir avec beaucoup de peine; mais c'est là que finit le mauvais chemin, et un quart d'heure suffit pour atteindre le premier signe religieux du couvent, une *croix verte* s'élevant sur une riante plateforme!... Sur ce sommet, je me trouvais si au-dessus du *Guiers-Mort*, que le murmure de ses eaux torrentielles n'arrivait plus à mon oreille. — La gorge, ici totalement élargie, laisse apercevoir, au-delà d'un ravin masqué par un bouquet d'arbres touffus, la Correrie qui appartient au monastère, et que je me propose de décrire, plus tard, pour donner une idée complète de l'ensemble de ces austères lieux.

Enfin, un peu plus loin, je vis sur la droite deux magnifiques chaînes de rochers, non moins pittoresques que grandioses, se rapprochant sans se joindre, et laissant à leur extrémité une étroite issue qui forme la troisième et dernière porte du désert, connue sous le nom de *Sappey*. Celle-ci n'a rien de remarquable, et ne peut fournir à l'archéologie aucun document historique qui intéresse la science ou éclaire la nuit des temps. Mais ce qui fixe particulièrement l'attention du voyageur au troisième plan, c'est la succession non interrompue des montagnes à cimes dentelées qui séparent le délicieux vallon de Saint-Pierre-de-la-Chartreuse, de l'imposante vallée du *Graisivaudan*.

Là, assis au pied de la croix verte, je me reposai sur un banc de mousse de toutes mes fatigues, respirant l'air pur et embaumé des montagnes, et recueillant les douces impressions que j'avais éprouvées depuis mon entrée dans le désert.

Quand on fait, et c'est assez l'ordinaire, le voyage de la Grande-Chartreuse vers la mi-mai ou au commencement de juin, on est agréablement surpris de trouver partout une active industrie, un certain mouvement dans le sein de ces forêts, si calmes et si sombres pendant neuf mois de l'année !... C'est entre Fourvoirie et le monastère que s'opère l'exploitation des sapins. Il est curieux de voir plusieurs couples de bœufs sous le joug, au tournant d'une route étroite et difficile, trainant d'énormes pièces de bois qui souvent sont plus longues que le chemin, qu'elles dépassent en se jetant sur le bord opposé. Ailleurs, vous apercevez ça-et-là, marchant sans ordre et suivant leur instinct, plusieurs files de mulets chargés du charbon qui se fait dans les forêts, ou des planches que les scieurs de haute futaie y préparent.

Les mulets n'ayant souvent aucun conducteur pour les guider, le voyageur prudent, qui se trouve à cheval, doit se ranger d'avance du côté opposé au précipice, et tenir le recoin d'un rocher, car, sans cela, il court le risque d'être précipité au fond du torrent. De même, s'il entend au-dessus de lui les coups redoublés de la hache du vendalisme, qu'il se tienne sur ses gardes, car, au moment où il y songe le moins, il voit rouler avec fracas et de roche en roche, ces vieux patriarches des forêts qui se brisent dans leur chute rapide, et jonchent souvent de leurs débris le chemin sur lequel il marche.

D'un autre côté, si vous faites votre ascension à la Grande

Chartreuse vers la Saint-Jean, ne vous attardez pas, car votre route pourrait être interceptée par des troupeaux d'innombrables moutons que les bergers de la Provence amènent de la *Camargue* dans les Alpes, pour brouter le thym, le serpolet et tant d'herbes succulentes propres à leur nourriture ; par ces mulets, ces ânes et ces énormes chiens qui singent les grandes caravanes de l'Orient, allant de désert en désert, en traversant les bourgades et les plaines si populeuses du Dauphiné.

Il n'est pas rare de rencontrer aussi dans le désert de la Chartreuse plusieurs chasseurs qui vont relancer le chamois et l'izard sur les pics aigus des montagnes, et souvent même l'ours dans sa tannière obscure et cachée.

Souvent encore vous vous croisez en ces lieux avec d'élégants promeneurs qui, pour varier les plaisirs que donne la saison des eaux à Aix, Uriage ou Lamothe, viennent chercher là de nouvelles et plus vives sensations !... Vous pourrez voir aussi de savants botanistes portant avec bonheur la boite de fer-blanc qui contient leur herbier, riche collection de plantes alpestres qui se trouvent sur les faites *d'Alienard*, de *Chamechaude* et surtout du *Grand-Som*, que l'on voit du pied du couvent, et sur la cime inaccessible duquel brille le signe de la religion qui semble dominer le monde, et être descendu du ciel !... Enfin, en suivant la berge du torrent, vous voyez encore le dessinateur, avide des beautés de la nature, s'abriter sous le parapluie-canne, et dérober à ces grands tableaux, leurs effets magiques, gracieux et variés !...

Poursuivant ma route et n'ayant plus qu'une demi-heure de chemin à faire pour arriver au pied du Monastère, je fis un léger détour dans les bois qui sont de plus en plus épais et tapissés d'une éternelle verdure. Là, le chant mélodieux de Philomèle n'est troublé que par l'haleine des zéphirs et les cantiques pieux qui retentissent du couvent, harmonie suave, ineffable, comme celle des harpes éoliennes qui donnèrent naissance à la musique primitive.

Enfin, à mes regards étonnés et ravis, se présentèrent, au pied des trois sommités du désert, les bâtiments de la Grande-Chartreuse qui ressemblent à une petite bourgade ; mais ce n'est que par l'extérieur, car, au-dedans, les nombreuses cellules, les cloîtres muets du Monastère, ne décèlent pas la demeure ordinaire des hommes ; aucun bruit, aucune rumeur, n'indiquent à l'étranger l'approche d'une enceinte habitée.

En suivant l'un des chemins qui forment le contour du mur de clôture, j'arrivai à la principale porte d'entrée du couvent, et son architecture simple et religieuse, me parut s'harmoniser parfaitement avec l'austérité du paysage qui m'entourait.

Là, après avoir, d'une main timide, agité la chaine de la cloche du couvent, je fus introduit par un vénérable frère Chartreux qui m'apprit bientôt que dans ce séjour monastique, voué au silence et à la religion, on savait acquitter les dettes sacrées de l'hospitalité et accueillir les voyageurs avec cette franche et attentive cordialité qui fait si vite oublier les fatigues du voyage.

Le Monastère.

I.

> Sua præmia sunt etiam laudi.
>
> *(Phædri.)*

Tout le monde sait que saint Hugues, Evèque de Grenoble, secondant les pieux desseins de Bruno, avait fait bàtir pour lui et pour ses disciples, un modeste couvent près du lieu où l'on voit encore la chapelle connue sous le nom de *Casa-libus*.

Mais à une époque de désastreuse mémoire, le 30 janvier 1133, une avalanche des plus terribles, détruisit de fond en comble le cloître et les cellules que gouvernait le vénérable *Guigues*, cinquième prieur de l'ordre. L'histoire nous fait connaître que six religieux et un novice furent ensevelis sous les ruines du monument, et que, par un miracle providentiel, l'un d'eux, seulement, après douze jours de tortures et de privations, fut retiré vivant de ces sombres catacombes, sans blessures, et jouissant de la plénitude de sa raison; mais il était tellement accablé, qu'après avoir reçu les consolations de la religion, il ferma tranquillement les yeux à la lumière, et s'endormit dans la paix du Seigneur.

Peu de temps après cette catastrophe, qui était probablement une épreuve du Ciel, le vénérable Guigues, rassembla autour de lui le petit nombre de frères échappés au désastre commun, et y joignant plusieurs cénobites du diocèse de Belley, à la direction desquels il avait été préposé, jeta les fondements de cet impérissable monastère que l'on admire aujourd'hui sous le nom de Grande-Chartreuse.

Nouveau Moïse, il fit jaillir une source abondante dans ce désert, en amenant par un aqueduc souterrain, les eaux de la fontaine de St-Bruno jusqu'aux portes du Monastère, qui, pour la seconde fois, fut construit en bois et en peu de temps. Quant à l'église qui sert encore de chapelle au chapitre des religieux, elle fut construite en pierres, avec une grande solidité. Plus tard, le pieux *Anthelme*, septième supérieur général des Chartreux, Evêque de Belley, au xii⁰ siècle, commença la reconstruction du couvent dans des proportions dignes de sa grandeur, et il dut aux libéralités de la duchesse de Bourgogne *(Marguerite)*, de voir son œuvre religieuse achevée dans le style gothique.

Malheureusement et par des causes inexplicables, le Monastère qui avait pris des accroissements successifs, fut détruit pendant huit fois par de violents incendies qui éclatèrent en 1320, 1371, 1474, 1510 et 1562.

Quant à ce dernier sinistre, il fut attribué aux fureurs du capitaine des calvinistes *(le baron des Adrets)*, qui portait en tous lieux la dévastation et le meurtre.

Le couvent réédifié, fut encore la proie des flammes en 1592 et 1676. Alors, nouveau phénix, il renait de ses cendres, et le cinquantième général de l'ordre des Chartreux, *Dom-le-Maçon*, aidé d'un frère architecte, conçut ce vaste plan que le génie de la foi put seul inspirer, et le Monastère s'éleva dans les proportions grandioses et sévères où on le retrouve aujourd'hui.

La révolution de 89 n'avait pas encore troublé ces établissements religieux, voués au culte et au silence érémitique ; elle semblait avoir respecté ou plutôt oublié ces demeures saintes toujours fermées aux troubles, aux agitations du monde, quand un arrêt de proscription, s'étendant à toutes les corporations religieuses, vint atteindre, dans leur paisible retraite, les Chartreux de la première maison de l'ordre, et jeter dans leur esprit, jusque-là si calme et si résigné, une perturbation difficile à décrire.......

Soumis sans résistance, quoique sous l'empire d'une indicible douleur, les vénérables frères obéirent à la rigueur de cet arrêt irrévocable, décrété par le gouvernement, et ils quittèrent ces cellules où, tant de fois, face à face avec Dieu, ils avaient été consolés !

Plusieurs s'expatrièrent, mais ceux qui n'eurent pas ce triste courage, furent, sans le savoir, affronter de plus grands dangers, et trouver une mort certaine pour l'expiation de leur sacrifice. Dispersés dans l'intérieur de la France, ils remplissaient secrètement les fonctions du saint ministère, contrairement aux lois en vigueur sur les prêtres *insermentés*; ceux qui furent découverts, obtinrent les honneurs de la déportation, et d'autres ceux de l'échafaud.

Plus heureux, jusque-là, que leurs confrères, ceux qui avaient quitté la France pour passer dans d'autres maisons religieuses, en furent bientôt chassés par les institutions révolutionnaires dont le vaste réseau enveloppait l'Europe entière.

Tous les établissements monastiques furent détruits, excepté celui de la *Part-Dieu*, en Suisse, qui, semblable à la nouvelle arche, bénie par le Tout-Puissant, surnagea au-dessus des flots, et échappa à tous les désastres de cette époque de destruction.

Un révérend père, *Nicolas-Geoffroy*, supérieur de l'ordre, qui avait pu passer à Bologne, et de là, à Rome, y mourut en 1801. — Il n'eut point de successeur, car pendant quinze ans l'ordre fut soumis, alternativement, à trois vicaires-généraux.

La Restauration étant survenue, elle se hâta de cicatriser les dernières plaies de la religion et d'effacer les traces de ces temps de troubles. *Dom Moissonnier* s'empressa, en 1815, d'obtenir de Louis XVIII la faculté de rétablir la Grande-Chartreuse, de concert avec le frère *Dom Coutarel* qui, victime d'une longue et douloureuse captivité, ne profita de son élargissement que pour se retirer heureux dans le sein de cette maison-mère.

Ces deux athlètes de la foi obtinrent l'accomplissement de leurs vœux, et en juillet 1816, ils rentrèrent dans ce désert que la pénitence et les bonnes œuvres de saint Bruno ont rendu si célèbre et si respectable!

Tous les habitants des localités voisines applaudirent au rétablissement du monastère, se rappelant qu'il avait toujours été la Providence consolatrice et bienfaisante des malheureux, le soutien de la veuve et de l'orphelin, et que des villages entiers avaient trouvé là, dans des temps de disette, la nourriture de l'esprit et du corps.

Les Grenoblois et en général tous les habitants du Dauphiné se montrèrent heureux du retour des Chartreux, et s'estimèrent fiers de posséder le célèbre monastère qui est incontestablement de tous les monuments religieux de la France, le plus ancien et le plus remarquable !

Satisfait de son œuvre régénératrice, Dom Moissonnier, second vicaire-général, instrument de la Providence pour la restauration de l'ordre que la piété de saint Bruno avait fondé, rentra dans le couvent avec cet ineffable bonheur qui accompagne le proscrit quand il retrouve la maison paternelle !

Avertis de tous les points de la France que le berceau de l'ordre des Chartreux était rétabli, tous les frères dispersés vinrent successivement grossir le nombre de ceux qui s'y trouvaient déjà.

La tâche du respectable chef ainsi remplie, et n'ayant plus à militer ici-bas pour le triomphe de Dieu, Moissonnier trouva un asile sûr contre tous les orages du monde, car son âme sereine passa bientôt du séjour terrestre, à celui de l'éternelle joie !

Après sa mort qui fut profondément sentie par tous les vénérables frères, une nouvelle communauté s'établit, et les bâtiments du monastère durent subir une restauration non moins large que dispendieuse ; en effet, après une absence de près d'un quart de siècle, les Chartreux, rentrés dans leur ancienne demeure, ne retrouvèrent partout que les traces du vandalisme, de l'impiété et de la profanation !... Les portes et les fenêtres détruites, les serrures enlevées, les toitures délabrées sur les tronçons des poutres incendiées, les tabernacles dépouillés de leurs précieuses reliques, la belle bibliothèque du couvent entièrement spoliée. Enfin, d'innombrables désastres à réparer.

Nécessairement l'attention des bons religieux dut se porter d'abord sur les objets du culte qui laissaient tant à désirer, et qui furent peu à peu rétablis dans l'état où nous les voyons aujourd'hui, et que nous faisons connaître dans la description suivante du monastère.

II.

Accendor lumine solo.

L'architecture du monastère, comme nous l'avons déjà dit, est du style simple et tout à la fois sévère du dix-huitième siècle : les toitures se composent d'ardoises, de tuiles et de bardeaux ; leur réunion entremêlée de clochers réguliers présente à l'étranger l'image d'un lieu chrétien, peuplé de nombreux habitants, et c'est là une idée d'autant plus juste, que chaque cellule qui forme un ermitage, a nécessité une vaste étendue de terrain pour l'établissement d'un si grand nombre de cloîtres.

Pour juger de la beauté pittoresque du monastère, il faut être placé au petit belvédère qui se trouve en face du couvent du côté opposé à la montagne du Grand-Som, et auquel on arrive par une courte promenade, bordée de hêtres et de sapins qui projettent, en tout temps, un agréable ombrage. De là on distingue parfaitement la cour d'entrée, la partie du bâtiment destinée au logement des visiteurs, les cellules de l'économe, du coadjuteur et du révérend père ou supérieur général de l'ordre ; quant au grand cloître des religieux, qui se trouve du côté oblique de la montagne, on n'en aperçoit qu'une faible partie.

Rien n'échappant à l'œil investigateur de l'étranger, il remarque aussi, dès son entrée au couvent, deux pavillons dont l'un est spécialement destiné à loger les guides du voyageur, et l'autre qui se lie au bâtiment, contient l'ancienne pharmacie, où les frères préparent cet élixir et cette liqueur si justement renommés et connus partout sous le nom de *Chartreuse*.

Dans la cour du monastère, on voit deux vastes bassins

circulaires construits en pierre, et d'une forme délicate ; ils sont destinés, comme les deux petits réservoirs du couvent , à fournir une grande quantité d'eau en cas d'incendie.

Mais pour avoir une idée plus majestueuse du site que nous décrivons, il faut, avant de franchir le seuil de la grande porte d'entrée, jeter derrière soi un regard sur les murs qui enceignent le couvent, et l'on verra, avec étonnement, cette portion élevée de l'amphithéâtre des inaccessibles montagnes d'alentour , dont le revêtement est si *sublime* , comme l'a écrit M. de Châteaubriand, dans la description topographique de Jérusalem.

Etonné de ces merveilles , l'étranger se croit au milieu de grandes forêts sans fin, et dont les limites se perdent à l'horizon.

Entré dans le couvent, vous parcourez un corridor non moins large que spacieux , et dont le développement est de 94 mètres. Là, aboutissent les diverses voies de communication du couvent, et des deux côtés parallèles, les bâtiments où logeait, autrefois, le prieur du chapitre et qui sont destinés exclusivement aujourd'hui au logement des étrangers. Tout près de ces quatre grands corps de logis, sont les cellules des officiers du monastère, la chapelle de famille, la cuisine et le réfectoire.

On désigne sous le nom de chapelle de famille, du latin ou de l'italien *familia* , le lieu où se réunissent les frères et autres personnes du monastère pour l'accomplissement de leurs pieux devoirs ; mais les instructions religieuses qui se font pour tous , n'ont lieu que les dimanches et les fêtes dans une chapelle spéciale du couvent.

Nous avons dit que l'église dont la construction remonte au xvme siècle , n'avait rien de remarquable , si ce n'est la boiserie du sanctuaire qui, seule, fut respectée ; quant au maître-autel , en marbre blanc, et à quelques stalles du chœur, on les voit aujourd'hui dans la cathédrale de Grenoble.

Ce n'est qu'à la piété généreuse de quelques amis des Chartreux que le monastère doit son nouvel autel , les divers embellissements de la nef, ainsi que les deux lampes suspendues dans le sanctuaire et le chœur de cette église. Quant à la principale cloche du couvent, elle pèse six cent cinquante kilogrammes , et le son en est véritablement grave et religieux. Mais la chose la plus remarquable que me montra le vénérable frère *Anselme*, qui fait ordinairement les honneurs du monastère , fut le groupe représentant la *Ste-Vierge aux sept douleurs* qui sépare le chœur des frères de celui des religieux, et qui est un don de la munificence de l'ex-Reine des Français, *Marie-Amélie.*

Dès qu'on quitte la tribune de l'église , on entre dans la vaste galerie des cartes, ainsi appelée à cause du grand nombre des plans des monastères et vues du désert. Mais la plupart de ces monuments scientifiques, outragés par les ravages du temps, n'offrent plus aujourd'hui qu'un faible intérêt historique (1).

De là, nous passâmes dans la magnifique salle du chapitre général des Chartreux , laquelle peut être regardée , à juste titre , comme le plus bel ornement de la maison-mère , le plus curieux , le plus artistique de tous les restes religieux !

En face , je vis la statue de saint Bruno , de grandeur colossale, dominant le siége du supérieur général de l'ordre, pendant la durée des séances capitulaires. A l'entour de la salle régulièrement belle , se trouvent les portraits de cinquante généraux de la Grande-Chartreuse , rangés avec art au plafond. Une ellipse, en forme de couronne, placée au-dessus de chaque portrait , fait connaître le nom , la durée des

---

(1) *Cartusia nunquàm reformata, quia nunquàm deformata.*

services et la date de la mort de chaque révérend Père , et ajoutez à tout cela, pour compléter le beau idéal de la salle, une riche collection de tous les tableaux du cloître peints par l'immortel *Le Sueur !*

Ces peintures animées par la main du grand maître, son au nombre de vingt-deux , et représentent les événements les plus augustes de la vie de saint Bruno , le fondateur de l'ordre, d'après la légende qui est toujours empreinte de ce caractère biblique et merveilleux qui convient surtout à l'imagination religieuse !!

Dès que nous sortimes de cette salle , nous entrâmes dans une autre bien moins grande , mais non moins régulière. Là , se trouvait la continuation des portraits de tous les généraux de l'ordre , ainsi que plusieurs autres tableaux de prix. Un seul de ces tableaux, ayant en face celui de l'Assomption, sculpté en relief, réunit ceux des frères les plus distingués par leurs vertus et par les dignités ecclésiastiques.

Enfin , au bout du passage qui sépare cette seconde salle du grand cloître , on trouve deux grandes cartes topographiques, placées de chaque côté, qui donnent, dans ses moindres détails, le plan régulier de toutes les beautés du désert.

III.

Ecclesiæ muras.

Nous sommes arrivés à la partie la plus intéressante du couvent, celle qui est la plus digne de remarque, et qu'on ne saurait voir sans une satisfaction mêlée d'étonnement. En effet , le grand cloître forme un long parallélogramme éclairé par 130 fenêtres, établi sur un plan incliné, comme l'exigeait l'état des lieux : cet immense corridor , qui est d'une régularité parfaite, a 215 mètres de longueur, et son développement est tel , que deux personnes placées aux extrémités, ne pourraient se reconnaitre.

Cette partie du couvent , qui est la plus ancienne, puisqu'elle date du douzième siècle, et qu'elle est du style gothique, attire principalement l'attention des étrangers,et fait regretter, aux connaisseurs, que le côté moderne forme un disparate choquant avec celui-ci, qui a, non-seulement la forme monastique , mais encore ce genre sombre et religieux qui convient, essentiellement, à sa destination primitive.

C'est par le cloître que l'on arrive aux trente-cinq cellules, semblables à de petites maisons , composées de deux chambres éclairées par trois fenètres , et dans lesquelles on a encore établi un cabinet d'étude, et un oratoire bien exigu.

Au-dessous de cette modeste demeure, on trouve un petit atelier , un bûcher , un étroit corridor , et enfin un jardin qui sépare chaque cellule de la cellule voisine. Toute cette distribution occupe une surface d'environ 25 mètres, ce qui suppose, pour les trente-cinq cellules, un terrain de 875 mètres carrés.

A côté de chacune des portes du cloître , on voit un guichet dans le mur, et c'est par là que les aliments quotidiens arrivent aux religieux.

Sur leurs portes on lit de belles sentences, tirées, pour la plupart , ou de l'Ecriture sainte , ou des pères de l'Eglise : *Clericorum lumen* , etc.

Un silence solennel règnerait toujours dans le cloître si , pendant la belle saison , il n'était interrompu par la conversation des visiteurs qui oublient, trop facilement, l'avis placé à l'entrée de tous les corridors. Un bruit constant et monotone règne en tout temps dans ces lieux , c'est celui que fait en tombant l'eau des fontaines placées de distance en distance , et qui semblent mesurer le temps...

Au centre du monastère, est placé le champ de repos des cénobites ; en sorte que , dès qu'ils quittent leurs austères cellules , séjour d'une pénible vie , ils voient sans cesse , la dernière demeure qui attend leurs restes mortels ! Les tombes des simples Chartreux ne sont désignées à l'œil que par une petite bordure , celles des généraux de l'ordre , sont surmontées d'une croix en pierre.

Le vénérable frère *Anselme* , toujours infatigable dans ses obligeantes prévenances, nous montra la chapelle des morts, fondée en 1582 , par *François de Gonzé* , Evèque de Grenoble, et nous vimes, dans cette antique chapelle, le caveau qui renferme les ossements des premiers frères de l'ordre , inhumés près de Notre-Dame-de-Casalibus.

Ici , nous fimes une pause qui fut suivie d'une prière. En sortant , mes yeux se portèrent sur une niche pratiquée au-dessus de la porte de la chapelle, et j'y vis un buste en marbre de Carrare , représentant la hideuse mort sous la forme d'un squelette de femme , abrité par un manteau artistement drapé. Ce buste est un don de M. le *comte de Château-villard*.

En sortant de cet ossuaire , et à quelques pas de là , du côté opposé , le bon frère nous montra la chapelle dédiée à saint Louis, Roi de France , et dont la fondation appartient à Louis XIII , qui y consacra une forte somme , prise sur ses épargnes. Cette chapelle est ornée de belles statuettes placées dans des niches, lesquelles représentent *Moïse*, *David* , et les quatre prophètes. De chaque côté de l'autel, on voit deux saints chartreux en contemplation devant la Majesté du Tout-Puissant. L'intérieur est encore décoré de belles peintures et de tableaux religieux d'un grand mérite.

Le Roi Louis XIII, pour perpétuer le souvenir de sa libéralité , demanda aux Chartreux une messe annuelle et pour lui et pour ses successeurs ; demande pieuse qui a toujours été satisfaite.

Après avoir quitté le vaste cloître que je ne pus visiter sans ressentir une salutaire et douce impression , le frère Anselme nous fit descendre à la bibliothèque du couvent qui

se compose d'au moins huit mille volumes , achetés ou don-
nés depuis 1815 , mais dont le nombre et la rareté sont de
beaucoup inférieurs à ceux de l'ancienne bibliothèque du
couvent, qui renfermait plus de six cents manuscrits déplacés
et perdus pendant la première révolution, et trois cents volumes environ, remontant au commencement de l'imprimerie,
à partir de *Guttemberg*.

Il faut convenir que la bibliothèque de Grenoble s'est en-
richie dans ces temps de troubles aux dépens de celle de
la Grande-Chartreuse , et qu'elle possède les manuscrits les
plus rares , tels que Bibles , Evangiles , Gloses , Psautiers ,
Rituels , Antiphonaires , etc., tous sur vélin , et ornés des
plus riches et des plus fraîches miniatures.

On trouve cependant encore à la Grande-Chartreuse , une
magnifique et rare collection des pères de l'Eglise en plusieurs volumes ; divers commentaires des Ecritures saintes,
un grand nombre de livres ascétiques , des Miscellanées ,
et aussi beaucoup de manuscrits sur vélin.

Je dois dire également que l'histoire des cérémonies religieuses, la littérature ancienne , la physique, la botanique,
la médecine , y sont représentées par d'excellents ouvrages ;
mais tout cela n'empêche pas les lacunes qui, de longtemps,
ne pourront être comblées.

Toutefois, le connaisseur s'étonne de ne pas rencontrer
dans la bibliothèque du couvent la collection des Bollan-
distes , les ouvrages de dom Martène , de dom Mabillon ,
et de plusieurs autres bénédictins, qui ont si bien écrit sur
les ordres religieux !

Tout cela existait avant la spoliation du monastère , et il
faut espérer que le temps, peu à peu , remplira ces vides.

Nous n'avons plus à dire qu'un mot sur la chapelle *Saint-
Sauveur*, qui a été établie à l'angle nord-est du mur d'enceinte , pour que les personnes du sexe , à qui l'entrée du

couvent est interdite , puissent entendre la messe basse
les dimanches et fêtes de l'année.

Nulle part le voyageur n'est accueilli comme dans cette
maison religieuse : il est l'objet des soins les plus empres-
sés ; l'hospitalité la plus franche, la plus cordiale et la plus
désintéressée lui est offerte , et il trouve là des hommes émi-
nemment instruits qui ne sont étrangers à rien , et dont la
conversation variée plaît à tout le monde. Pour ma part ,
j'en conserverai toujours l'agréable souvenir.

Les Chartreux.

I.

« Les plaisirs du monde sont couverts d'épines ;
» Ceux de la Religion sont couverts de fleurs. »

Nous avons décrit dans les précédentes pages le voyage
de la Grande-Chartreuse et le monastère si souvent détruit,
mais toujours rétabli par les disciples de saint Bruno ,
auxquels nous consacrons la notice suivante (1) :

C'est à la loi de grâce , aux conseils du divin Maître, que
remonte l'origine de la vie érémitique , dont toute la règle
consistait à trouver dans une paisible retraite, la douce contemplation des choses célestes par les exercices de la piété
la plus fervente.

Personne n'ignore combien furent grandes les vertus qui,
dans le troisième siècle , illustrèrent à jamais les déserts
de la Thébaïde !

Plus tard, quelques chrétiens s'étant réunis sous une
règle commune , prirent le nom de cénobites ; mais ils ne
furent néanmoins connus que sous la dénomination géné-
rique de religieux , qui convient à tous les ordres monastiques.

---

(1) *Majorem ostendit casus.*

Mais dans le quatrième siècle, saint Basile ayant réuni les diverses coutumes des religieux , en fit une règle que l'on observe encore de nos jours dans tous les monastères de l'Orient.

Après lui, saint Benoit, au sixième siècle, étant en occident, fit un code qui servit de base et de règle à toutes les communautés de l'Europe, et divisa le temps de ses disciples de manière à le partager entre les exercices spirituels et le chant des offices divins ; l'abstinence, le jeûne et les austérités furent ponctuellement observés.

Ce saint personnage inspira encore l'amour du travail, et l'ennoblit sous toutes les formes ; il prépara les voies qui devaient détruire l'esclavage ; il ouvrit des asiles où se réfugièrent les lettres et les sciences qui, par ses soins, furent plus tard le berceau de la nouvelle civilisation !

Enfin, le onzième siècle vit naitre saint Bruno qui modifia l'œuvre de son prédécesseur, et la rendit à jamais durable, en réglant le nouveau genre de vie auquel lui et ses compagnons, inspirés par la volonté de Dieu, voulurent se vouer immédiatement.

Il est constant que chaque maison religieuse a un supérieur ou prieur ; mais les frères de la Grande-Chartreuse ont la faculté de nommer le leur, qui se trouve aussi supérieur général de l'ordre ou révérend père ; quant aux autres chefs, ils sont appelés *vénérables*.

Le Supérieur général n'a pourtant rien à l'extérieur qui le distingue des autres religieux : son esprit de simplicité et de modestie a toujours été l'un de ses plus doux attributs ; il a seulement le droit de convoquer, à des époques triennales, le chapitre général qui doit siéger à la Grande-Chartreuse quelle que soit la distance où se trouvent les autres frères, attendu que le désert est le véritable berceau de l'ordre.

Réunis autour de leur supérieur général, les révérends pères des différentes maisons religieuses, demandent leur *démission*, c'est-à-dire miséricorde; mais ils sont toujours conservés, excepté dans des cas très-rares.

Ils s'occupent ensuite de tout ce qui peut intéresser l'institution, concourir à son développement et à la parfaite harmonie de ses membres. La statue de saint Bruno dont nous avons parlé dans la description du couvent, domine sur son majestueux piédestal, la salle capitulaire, entourée de tous les portraits des généraux, placés au plafond; elle semble dire avec éloquence et fermeté : *Veillez et priez*, afin que l'esprit de vos pères fasse toujours la gloire de Dieu et la concorde parmi vous !

Pour être admis dans l'ordre, il faut avoir fait toutes ses classes et même un cours de philosophie : examiné avec soin, le novice n'est mis en cellule qu'après avoir donné des marques de sa vocation, et il assiste à tous les offices en habit séculier; — un mois après, il est proposé à la communauté religieuse pour la prise d'habit ; s'il est reconnu véritablement pénétré de zèle pour la solitude à laquelle il veut se vouer, et si la majorité des suffrages lui est accordée, on le revêt de l'habit de l'ordre, et son noviciat est fixé à la durée de deux ans.

Pendant cette seconde épreuve, on lui inspire l'amour et la pratique des vertus qui caractérisent le véritable religieux. Plus il approche du terme de son noviciat, plus on sonde ses dispositions, et s'il est démontré qu'il a une vocation réelle, il est admis à prononcer ses vœux à la messe conventuelle d'un jour de fête.

Cette cérémonie est très-belle, et par les prières et par la simplicité de son éclat : il y a surtout un moment où l'attention de l'étranger religieux est entièrement captivée, c'est lorsque le novice faisant lentement le tour du chœur, fléchit le genou devant chaque frère, et lui adresse ces mots en baisant les stalles de bois : *Ora pro me, pater...*

Les Chartreux, comme cénobites, se rendent régulièrement

à l'église trois fois par jour, pour la célébration de la messe
et autres offices divins : la nuit c'est pour chanter l'office canonial, le matin pour le rit conventuel, et le soir pour vê-
pres. Mais les dimanches et jours fériés, l'exercice est plus
long et plus pénible que celui de la semaine.

Ces jours là, ils prennent ensemble leur repas dans la
salle du réfectoire, où règne toujours le plus profond silence,
maintenu par une pieuse lecture.

Les Chartreux se réunissent chaque semaine pour le *spa-
ciment* ou promenade dans le désert, qui dure de trois à
quatre heures.

Il est également facultatif à chaque religieux d'assister à
une récréation en commun les jours de fête.

Ces légers adoucissements tempèrent la rigueur des austérités cénobitiques et dilatent le cœur par le mutuel épan-
chement d'une charité fraternelle ! toutefois, les statuts de
l'ordre prohibent la musique et les jeux qui sont contrai-
res à la paix et au recueillement du cloître.

Comme solitaires, les frères ne quittent point leurs cellules, et n'y reçoivent aucun étranger sans l'autorisation du
supérieur ; s'ils sortent, c'est pour aller à l'église ou près
de leur vénérable chef qui les fait appeler fréquemment.

II.

Bonum mihi quia humiliasti me, et dicam justificationes tuas.

Les Chartreux, dans leur solitude, partagent le temps assez court que leur laissent les exercices de piété, entre l'étude et le travail manuel. Et d'abord, les études de ces enfants
de saint Bruno, sont toujours celles qui conviennent au prêtre, ou à celui qui est appelé à le devenir : ce sont les saintes Écritures, la lecture et la pratique des Pères de l'Église,
enfin, la théologie qui est la base fondamentale de l'ordre religieux.

Quant au travail manuel, qui n'est pas exigé par la règle , mais qui sert de délassement à l'esprit , tout en entretenant la force corporelle , il est bien simple : chez celui-ci c'est la culture de son jardin ; la distribution et le sciage du bois ; chez les autres, le tour , la menuiserie, la reliure des livres et autres ouvrages délicats ; quelques-uns cultivent même les hautes sciences , et laissent à la postérité des ouvrages semblables à ceux du bénédictin de St-Maur , le révérend père *dom Bernard de Montfaucon*.

Il n'est pas de jour dans l'année où les Chartreux ne se lèvent la nuit , après quatre heures de sommeil ; la cloche du monastère les avertit d'abord de dire en cellule l'office de la Vierge , et une heure après , ils se rendent à l'église pour l'office canonial qui se prolonge assez avant dans la nuit.

Cette cérémonie est la plus importante et la plus grave de l'ordre des Chartreux.

Les étrangers qui désirent se procurer le plaisir religieux d'entendre cet office de nuit, éprouvent toujours les impressions les plus profondes , mais surtout dans un jour de fête où les chants se font avec plus de solennité !...

La première fois que je visitai ce monastère, en août 1846 , j'y fis séjour pendant une semaine, m'y trouvant avec un ami dans la tribune de la chapelle où la cloche nous appela à minuit.

Là, nous vîmes arriver lentement dans le chœur les pères et profés en habits blancs ; les novices avec leurs chapes noires, portant chacun une petite lanterne qui étoilait d'un point lumineux la profonde obscurité !... peu de flambeaux étaient allumés dans l'enceinte , et c'est à leur pâle lueur qu'ils furent se ranger dans les stalles , la démarche grave et la tête inclinée vers la terre.

Bientôt après, nous entendîmes leurs chants pieux et lents, psalmodiés avec des voix pleines et sonores.— La plus longue partie de leur office n'est qu'une prière qui se fait de mémoire. De temps à autre , tous les flambeaux s'éteignent ou se cachent , et l'on ne voit plus que la vacillante lumière de la lampe du sanctuaire , qui répand dans l'espace une mourante clarté. Alors le chœur ne présente que des formes vagues et indécises ; nous crûmes, un moment, que des fantômes étaient collés contre les parois des murs.

Lorsque l'office des morts qui se récite en ce moment fut terminé, les chants cessèrent tout-à-coup, et le silence le plus profond y succéda.

Ce silence si sombre , si solennel , joint à l'épaisseur des ténèbres , nous émut jusqu'au fond du cœur , et nous fit éprouver intérieurement un frémissement soudain. Mon ami, ne pouvant maitriser son émotion, me prit involontairement la main , et se penchant à mon oreille , me dit tout bas : « Voilà qui remue l'âme , et qui est plus saisissant que les prédications les plus éloquentes! »

Rentrés dans leurs cellules, les frères ont d'autres devoirs religieux à remplir , et prennent, après quatre heures d'une pénible veille, un léger sommeil que la prière du matin doit encore interrompre.

Ils jeûnent huit mois de l'année , et n'ont, le soir , pour toute collation, que quatre onces de pain et fort peu de vin ; ils observent , même en cas de maladie, l'abstinence de tout aliment gras ; ils s'abstiennent d'œufs et de laitage pendant l'Avent et le Carême , ainsi que tous les vendredis de l'année. Enfin, ce même jour, ils se contentent de pain et d'eau, sauf cependant ceux que le grand âge , les infirmités ou la maladie, dispensent de l'austérité de cette règle.

Les Chartreux ne font pas usage du linge de corps et de table : ils couchent sur la paille, et sont, en tout temps , revêtus du cilice. Ils portent toujours la tête rasée , et la barbe n'est retranchée que deux fois par mois.

Toutefois, on remarque que les austérités des frères Chartreux sont tempérées par une sage distraction qui les maintient sans les accabler.

On nomme frères ceux qui n'ont été reçus dans l'ordre que pour vaquer aux travaux extérieurs de la maison.

Le véritable religieux est l'homme qui, dédaignant les fragilités du monde, s'en éloigne pour se consacrer à la retraite où il s'ensevelit comme dans un tombeau, au culte de la foi et des vérités spirituelles !

Il garde une solitude volontaire, et, détaché des choses matérielles, il ne pense qu'aux perfections de Dieu dans ses exercices de pénitence religieuse ; il n'est jamais moins seul que lorsqu'il est seul, parce que c'est alors qu'il est tout occupé de Dieu, de ce Dieu invisible pour tant d'autres, et qui pèse ses actions dans la balance de sa justice.

Exempt de toute ambition, il n'aspire qu'aux vertus de son état et borne ses prétentions à quatre murailles pendant sa vie, et à quelques pieds de terre après sa mort. Il est libre de toute crainte terrestre, et ne soupire qu'après l'éternité, à laquelle il ne cesse de se disposer par une suite non interrompue de saints exercices, dans lesquels il persévère jusqu'au dernier soupir ; mais alors, arrivé au terme de sa douloureuse carrière, il remet son âme pure et sereine au divin Créateur, et s'endort paisiblement dans son sein de ce sommeil qui fut toujours l'ineffable récompense du juste !

Ascension au Grand-Som (1).

I.

O crux ave, spes unica !

DANS LE DÉSERT DE LA GRANDE-CHARTREUSE.

Lorsque nous fûmes sortis du monastère, mon ami et moi

---

(1) Le Grand-Som est à 1,800 mètres au-dessus du niveau de la mer.

nous arrivâmes par une pente douce à la verte prairie toute émaillée de fleurs qui le domine , et là, regardant autour de nous pour mieux apprécier le plan général du désert, au milieu duquel est le couvent, nous retrouvâmes la forme d'un amphithéâtre oblong et irrégulièrement ovale.

Le sol, du côté du midi, est d'un niveau bien inférieur, il va ensuite, s'élevant peu à peu , se terminer par des mamelons étagés les uns au-dessus des autres, jusqu'à l'endroit où est située l'antique chapelle de Saint-Bruno. Un peu plus haut, le vallon est borné par des rochers escarpés qui l'enceignent de toutes parts ; à son autre extrémité, dans le bas, coule le torrent du *Guiers-Mort*, dont nous avons parlé au commencement de notre voyage. Ce torrent traverse le désert depuis la porte du Sappey jusqu'à celle de Saint-Laurent-du-Pont ; il prend sa source dans les montagnes qui dominent Saint-Pierre, et il tire son nom de la sécheresse de son lit pendant les grandes chaleurs.

L'extrémité de ce vaste désert, du côté du nord, est bornée par une montagne que l'on nomme *le Col*, au sommet de laquelle s'étend, au mois de juin, une riante prairie jonchée de fleurs diverses. Cette montagne est commandée, sur la droite, par le rocher de *Bovine*, et sur la gauche, par celui d'*Allevard*.

Du côté du levant, le point culminant de ces chaînes dentelées, qui se dessinent sous l'azur du ciel, est occupé par le majestueux pic du Grand-Som, le plus élevé du Dauphiné. — Du côté du midi, au-delà du torrent, nous aperçûmes, de loin, la jolie bergerie de *Vallambray*, placée au sein d'une prairie, à pente insensible, et plus haut, la montagne appelée *Charmanson*, dont les hauteurs sont couvertes des plus beaux pâturages.

Enfin, vers le couchant, dans les replis du mamelon couvert de bois, qui est en face du monastère, se cache un peti vallon où est la ferme de *Chartreusette*.

On croit communément que c'est là que les premiers Chartreux placèrent leurs troupeaux et leur exploitation rurale. Cette ferme est un but intéressant de promenade pour les étrangers qui passent quelques jours au monastère ; mais il est rare qu'après avoir visité le couvent, le voyageur n'aille pas reconnaître les chapelles de Notre-Dame-de-Casalibus et de Saint-Bruno, situées, comme nous l'avons déjà dit, à une demi-lieue au-dessus. Trois chemins à-peu-près parrallèles y conduisent, et l'on prend ordinairement celui du milieu pour monter, et celui de la prairie pour descendre.

La chapelle de Casalibus, bâtie en 1440, est d'un style simple et agreste ; elle forme un parallélogramme régulier ; le devant est orné d'un péristyle d'un effet pittoresque et gracieux auquel on arrive par quelques gradins. La couleur colombe de ce petit édifice se détache d'une manière délicieuse sur la sombre verdure des sapins qui forme le fond du tableau. — L'intérieur ne diffère pas de ce qu'il était avant la révolution : la voûte est peinte en azur d'une nuance assez vive et parsemée du chiffre doré de la patronne ; les parois des murs sont semblables, et c'est une idée heureuse qui remplit ainsi des louanges consacrées par l'Eglise elle-même, à l'auguste mère de Dieu, le premier oratoire érigé en son honneur dans la solitude de ces forêts !...

Le tableau de l'autel représente les disciples de saint Bruno, prèts à quitter le désert dans la douleur que leur cause son absence, et l'apôtre qui leur montre la mère de Dieu prète à les secourir, les invite à se placer sous sa protection, et à renoncer à leur dessein. — Cette image est frappante !...

A deux cents mètres environ au-dessus de cette première chapelle, se trouve celle de Saint-Bruno, sur la gauche, assise sur un rocher à pic, qui s'avance en forme d'un promontoire escarpé. Quelques rares sapins croissent sur ce rocher et projettent leur ombre sépulcrale sur la façade. —

Chaque chapelle avec son site original et pittoresque, a souvent exercé le crayon du paysagiste. Au pied du petit sentier tournant qui y monte, une fontaine de bizarre structure attire l'attention par le murmure saccadé de ses eaux abondantes : elle est appelée la fontaine de Saint-Bruno.

D'après la chronique, il est positif qu'il y avait, en ce lieu, une grotte naturelle où saint Bruno avait établi son premier oratoire, et à la chapelle, sa modeste cabane. Tout le monde connait dans les Appenins la caverne sacrée *(il sacro specco)*, où saint Benoit passa plusieurs années dans une solitude absolue , avant la fondation de ses monastères. On y montre encore le banc de rocher qui lui servait de prie-dieu et d'autel , et la cavité reculée où il prenait son repos sur un lit de feuilles sèches.

Tout est dans le même état qu'au temps où il vivait , et nous devons au ciseau de *Le Bernin,* la statue de marbre blanc qui semble le faire revivre dans l'attitude de la prière. — Ici, on a recouvert en bois l'autel de Saint-Bruno qui était primitivement en pierre, ensorte que tout ce qui lui a servi est dérobé à la vue depuis l'année 1640. Ce n'est qu'à cette époque qu'un religieux de la Chartreuse, Jacques *de Merly*, élevé au siége épiscopal de Toulon , fit construire la chapelle actuelle, réparée en 1816 par les libéralités du gouvernement. On lit sur le mur à gauche, en entrant, l'inscription suivante qui en rappelle et la fondation et la restauration : « *Hic incipit* » *ordo cartusiensis , anno Domini millesimo octogesimo* » *quarto R. D. D.* Jacobus de Merly, *illustrissimus Tolonen-* » *sium antistes, ad ordinis cartusiensis initia gratâ recor-* » *datione recolenda, antiquum* sancti Brunonis *sacellum hic* » *constructum angustiore æde sacrâ circumplexus est, circa* » *annum MDCXXXX.*

» *Altare prædicti sacelli, nuper excisi, huc usque ab* » *initio ordinis immotum perseverasse creditur, instructu-* » *que ligneo ac picturato adornatum fuit , anno Domini*

» *MDCCCXX , liberalitate principum , qui hunc locum ,*
» *sicut et sacellum B. M. a Casalibus, suis expensis instau-*
» *rari voluerunt.* »

II.

Crux alma . salve crux venerabilis.

Les Chartreux vont trois fois dans le cours de l'été chanter une messe à Notre-Dame-de-Casalibus, et une fois seulement dans la chapelle de Saint-Bruno , pendant l'octave de la fête de ce saint patriarche du désert.

Nous les avons vus traverser les bois, et monter lentement, en silence, dans le sentier tournant qui conduit à cette modeste chapelle ; cette longue file d'habits blancs produit un effet remarquable dans le paysage.

Derrière la chapelle de Saint-Bruno, sont d'énormes blocs de rochers détachés, sans doute, par le temps, des sommités voisines. Ils sont surmontés de sapins qui ont jeté de profondes racines dans les couches calcaires qui les nourrissent ; des lichens , des fougères de toute espèce tapissent leurs flancs, et tout semble rappeler dans ces lieux agrestes, un de ces grands désastres qui engloutirent autrefois, en Suisse, le le village de *Goldaw* près du *Rigghis*. C'est enfin , comme un espèce de chaos, sur lequel la nature complaisante et réparatrice a jeté un manteau de verdure et de fleurs !

Ayant visité le monastère et les deux chapelles du désert, le voyageur qui aime les courses des montagnes , ne peut mieux faire que de tenter l'ascension du Grand-Som , s'il est favorisé par un temps pur et serein ; alors il se munit d'une lunette d'approche , et tâche d'arriver de grand matin sur cette majestueuse sommité , afin que les vapeurs qui, d'ordinaire, s'élèvent du fond des vallées , après le lever du soleil, ne lui dérobent pas les plus beaux effets du vaste panorama que sa vue doit embrasser !

Le chemin qui mène au Grand-Som , monte d'abord par une pente supportable , pendant une heure au moins ; après quoi, il tourne à droite , et devient de plus en plus pénible et rocailleux. Enfin , après environ cinquante minutes de marche , les arbres deviennent de plus en plus rares ; la région des sapins cesse , et l'on ne trouve plus, çà et là, que des pâturages semés de fleurs et d'arbustes , parmi lesquels domine le rhododendron ou laurier-rose des Alpes.

Bientôt après , on aperçoit la bergerie de *Bovine* occupée pendant l'été par d'innombrables moutons venus de la Provence. Placée dans une espèce de défilé , entre les rochers d'Aliénard et du Grand-Som , elle est gardée par de redoutables sentinelles , c'est-à-dire par ces énormes chiens de la Camargue qui se défendent contre les loups et quelquefois même contre les ours de ces forêts. — Ils viennent en grondant , à l'approche des voyageurs , mais la voix du pâtre qui les rappelle , vous ouvre bientôt un large passage dans le défilé. — Si la belle saison vient de naître , si la neige remplit encore le banc du rocher vers lequel est creusée l'étroite venelle qu'il faut gravir pour arriver au terme de l'ascension , enfin si l'étranger n'a pas de crampons, un bâton ferré et un bon guide qui puisse suppléer à son inexpérience personnelle, il ne doit pas hésiter à revenir sur ses pas , car il braverait inutilement les plus grands dangers , en voulant aller plus loin. — L'étroit sentier est bordé, en tous sens, de précipices qui n'ont pas moins de 300 pieds de profondeur ; or, quand la neige n'offre-là qu'une pente glissante entre le mur du rocher que l'on cotoie et l'abîme qui est sous les pieds du voyageur , le vertige qui fait tourner la tête et tourbillonner tous les objets , attire vers le précipice par une sorte de fascination , et un faux pas suffit pour causer la mort.

Si l'on choisit le mois d'août, ou la dernière quinzaine de juillet pour faire cette excursion , on ne court plus le risque de trouver de la neige sur la route ; on arrive sans difficulté et sans péril, jusqu'au bout de la course, après avoir marché deux heures dans les rochers, à partir de la bergerie *Bovinant.*

Là, l'étranger se trouve amplement dédommagé de toutes les fatigues qu'il a éprouvées par le magnifique spectacle qui s'offre à ses regards : du côté du couchant, c'est la plaine du Lyonnais, traversée par le Rhône impétueux ; les montagnes de *Forez*, du *Vivarais*, et même celles de l'Auvergne, se perdant en lignes indécises dans le vague de l'horizon. Vers le nord, le lac du *Bourget* qui étend mollement aux pieds du *Mont-du-Chat*, son tapis d'un azur pur et brillant, contraste avec les teintes grisâtres des vallées d'alentour. Enfin, vers l'est et vers le sud, on a une de ces vues remarquables par le grandiose et la variété, et comparables à celle de *Rigghi* en Suisse, ou du *Col de Tende* dans le Piémont.

Toute la chaine de montagnes depuis le *Mont-Viso* jusqu'au *Mont-Blanc*, se déroule en étages irréguliers, avec ses pics formidables et ses glaciers étincelants aux rayons du soleil !

Au dessus de ces sommets, on aperçoit *Tailleers Belledonne* et le *Grand-Charnier*, qui dominent le Graisivaudan, ainsi que le *Pelvoux*, soulevant au loin un front chargé d'éternelles neiges (1) !

Que de souvenirs s'attachent à ces montagnes qui récèlent tant de minéraux divers, et quelle joie pour le touriste, de les embrasser ainsi d'un coup d'œil !

Il semble qu'on puisse y lire inscrits en caractères ineffaçables quatre noms à jamais illustres : *Annibal*, *César*, *Charlemagne* et *Napoléon* !

Le premier les franchit avec ses éléphants; le dernier avec sa pesante artillerie. Empruntant à l'immortel Bossuet, une de ces images qui lui sont propres, on peut se re-

---

(1) Le Pelvoux est dans le Dauphiné, entre le Bourg-d'Oisans et Briançon, et à 1,200 mètres de hauteur.

présenter les Alpes étonnées de se voir traverser tant de fois en des appareils si divers, elles dont les pieds touchent la terre et dont la cime s'élève aux cieux !

III.

Tu celsa sedes unda suos decet.

Arrivé au sommet du Grand-Som, l'esprit plein de ces grandes pensées, l'étranger ne peut comprendre toutes les difficultés, tous les obstacles qui s'opposaient au passage du vainqueur de l'Italie, suivi de sa redoutable artillerie, comme autrefois *Annibal* et *César*, suivis de nombreux éléphants !...

Quel immense tableau ! quelles grandes images pour l'œil étonné qui les contemple une première fois !...Oh ! qu'il est sublime de laisser tomber ses regards sur ce monastère que nous avons dépeint, et que l'on distingue fort exactement à plus de 600 mètres au-dessous de ses pieds !.... N'est-on pas frappé du contraste étonnant qui existe entre les grands noms qui ont remué le monde, et la vie si calme, si obscure des pieux cénobites qui habitent ce vaste désert ? Ceux-ci mettent autant de soin à vivre ignorés dans le coin le plus agreste de la terre, que les autres se donnent de peine promener partout leur char de victoire !

Comment expliquer à l'esprit cette indifférence absolue pour les vains suffrages des hommes, cet amour de l'éloignement et de l'obscurité, poussés à de telles limites, qu'il semble anticiper sur le tombeau? Un seul signe l'indique, et fait cesser tous les doutes : voyez à côté de vous cette croix modeste, plantée sur la cime du rocher, et au pied de laquelle un novice du monastère a tracé ces beaux vers :

« De tes bras étendus, auguste souveraine,
« Tu domines les monts et protéges la plaine !... »

Ce signe sacré, ce signe divin n'est-il pas la solution de

toutes les énigmes inexplicables pour ceux qui se renferment dans le cercle ordinaire des divers préjugés du monde?

Il n'est, pour le touriste, aucune course dans les déserts qui soit plus intéressante que celle du Grand-Som : l'amateur des beautés de la nature peut y satisfaire sa curiosité ; le botaniste, le minéralogiste et le géologue, y trouvent aussi d'inépuisables trésors.

Pour compléter notre notice, nous croyons devoir donner ici le beau fragment du R. P. MANDAS, oratorien, lors de son premier voyage à la Grande-Chartreuse, et les stances improvisées par M. de Lamartine, à son retour d'Orient, comme ayant fait, à juste titre, l'admiration de *Baleydier*, de *Boys*, de *Rambaud*, et de tous ceux qui ont, avant nous, fait le tableau historique de ce remarquable monument.

« Déjà de Saint-Eynard disparaissaient les cimes,
J'avais du noir Sappey contemplé les abimes,
Et le Drac et l'Isère avaient fui de mes yeux,
Quand enfin j'arrivais dans ces augustes lieux.
Dès que j'en aperçus la vaste et sombre entrée,
Mon âme, de respect, soudain fut pénétrée ;
Je ne sais quelle voix semblait dire à mon cœur,
Qu'au sein de ces rochers habitait le bonheur !....
J'avance... deux grands monts sur moi courbés en voûte,
De leurs fronts sourcilleux intimident la route,
Tous deux fiers, imposants, semblent du haut des airs
Interdire aux humains l'accès de ces déserts :
L'aquilon bat leurs flancs, et leurs bases profondes,
Voisines des enfers se cachent dans les ondes.
Je franchis, tout pensif, ce passage effrayant,
Et dans l'ombre des bois je m'enfonce à pas lent.
Quelle beauté sauvage et quelle horreur pompeuse !
Que la nature est là, grande et majestueuse !!!

L'épaisseur des forêts , la profondeur des eaux ,
Les immenses vallons , les antres , les côteaux ,
L'obscurité , le bruit , la terreur , le silence ,
Tout dans ces vastes lieux parle à l'homme qui pense.
Un long amphithéâtre , orné de vieux sapins ,
Y tient lieu de remparts , de murs et de jardins ;
Mille torrents tombant par cascades bruyantes
A travers les débris des roches mugissantes ,
Les oiseaux à grand vol , les aigles , les milans ,
Joignant leurs cris aigus au sifflement des vents ;
Les arbres fracassés par l'effort des orages ,
L'éboulement des rocs et leurs tristes ravages ;
Les collines , les monts de frimats couronnés ,
Ce spectacle plaisait à mes sens étonnés !...
Mais la nuit , de son voile , obscurcissant les plaines ,
Vient et m'arrache enfin à ces sublimes scènes ;
Je prolonge ma route où l'espace est ouvert ,
Et bientôt je pénètre au centre du désert...
   Au pied de longs coteaux d'où coule une onde pure,
Il est , dans le contour d'une vaste clôture ,
Un assemblage heureux de tranquilles foyers
Simples , et dans leur forme égaux et réguliers :
Un temple est au milieu , retraite aimable et pure
Où la Vertu toujours réside sans souillure ,
Avec elle , en ces lieux , brûlant d'un saint amour ,
L'Innocence et la Foi font aussi leur séjour ;
La Vérité s'y plait , et l'austère silence
En écarte à jamais le trouble et la licence...
   O mon Dieu ! tu le sais , la grâce en ces climats
Du célèbre Bruno jadis fixa les pas ;
Elle approcha de lui sa lumière , sa flamme ;
Eclairant sa raison , elle épura son âme ;
Lui montra , vers le ciel , des sentiers inconnus ,
Et remplit l'univers du bruit de ses vertus !...

Bientôt, de toutes parts, en ce lieu solitaire,
Accourut près du saint un peuple volontaire
De disciples zélés qui, soumis à sa voix ,
Adoptant ses leçons , vécurent sous ses lois !
Sainte religion , quelles furent vos fêtes ,
Vos chants, vos cris de joie en voyant ces conquêtes ?
L'enfer dut en frémir , mais vous et vos élus
Vous comptâtes , dès lors, un triomphe de plus.
Seul avec la nature et son auguste maître ,
Inconnu , retiré dans ce réduit champêtre ,
Saint Bruno , du vrai bien uniquement épris ,
Se montra le rival des célestes esprits !....
Il connut leurs plaisirs , leurs transports extatiques
En unissant sa voix à l'ardeur des cantiques ,
Comme eux , du Dieu suprême adorant la grandeur ,
Le servir fut sa gloire et l'aimer son bonheur !...

Sous ses mains , cependant , les plaines s'embellirent ,
Le désert s'anima , les rochers s'aplanirent ;
L'or des moissons couvrit les monts les plus affreux ,
L'abondance naquit pour tous les malheureux !...
Bruno , qui fit descendre en ces lieux la sagesse ,
Sut de même en bannir la faim et la paresse ,
Tout y retrace encor du saint instituteur
Les prodiges , les lois et la sainte ferveur.
Loin de notre vain luxe et de nos ridicules ,
Je vis avec bonheur dans leurs sombres cellules ,
Ces bons religieux qui , dans un corps mortel ,
Attendent , pleins d'espoir , le séjour éternel ;
La joie est dans leurs cœurs , la paix sur leurs visages ;
Sous la haire et le sac ces vénérables sages ,
Nuit et jour , aux autels , anéantis pour nous ,
Nous rendent Dieu propice , apaisent son courroux ;

Soutenant du chrétien les divins caractères,
Bienfaisants pour autrui, pour eux durs et sévères,
Si notre faible cœur ne peut les imiter,
Sachons ici, du moins, toujours les respecter.
Depuis leur digne chef jusqu'à leurs néophytes,
Combien ils m'ont ravi ces pieux cénobites !..
Que mon âme, auprès d'eux, brûlait pour la vertu !
Que n'ai-je pu, Seigneur, par ta grâce vaincu,
De mes engagements brisant toutes les chaines,
Là, fouler à mes pieds tant de chimères vaines ;
Te vouer mes serments, me soumettre à ta loi,
Et méditer sans cesse et n'obéir qu'à toi !...
Ah ! du moins, saint désert, séjour pur et paisible,
Solitude profonde, au vice inaccessible,
Impétueux torrents, et vous sombres forêts,
Recevez mes adieux, comme aussi mes regrets :
Toujours épris de vous, trop aimable retraite,
Puissé-je dans le cours d'une vie inquiète,
Dans ce flux éternel de folie et d'erreur,
Où flotte tristement notre malheureux cœur,
Puissé-je pour charmer mes ennuis et mes peines,
Souvent fuir en esprit, au bord de vos fontaines,
Egarer ma pensée au milieu de vos bois,
Par un doux souvenir, rappeler mille fois,
De vos saints habitants les touchantes images,
Pénétrer sur leurs pas dans vos grottes sauvages,
Me placer sur vos monts, et là prenant l'essor,
Aller chercher en Dieu ma joie et mon trésor !!!

STANCES

IMPROVISÉES AU DÉSERT.

Jéhovah de la terre a consacré les cimes ;
Elles sont de ses pas le divin marchepied :
C'est là qu'environné de ses foudres sublimes ,
    Il vole... il descend , il s'assied.

Sina , l'*Olympe* même , en conserva la trace ;
L'*Oreb*, en tressaillant, s'inclina sous ses pas :
Thor entendit sa voix, *Gelboé* vit sa face ,
    Golgotha pleura son trépas.

Dieu que l'Hébron connaît, Dieu que Cédar adore,
Ta gloire à ces rochers jadis se dévoila ;
Sur le sommet des monts nous te cherchons encore ;
    Seigneur, réponds-nous : Es-tu là ?

Paisibles habitants de ces saintes retraites ,
Comme au pied de ces monts où priait Israël ,
Dans le calme des nuits , des hauteurs où vous êtes ,
    N'entendez-vous donc rien du ciel ?

Ne voyez-vous jamais les divines phalanges
Sur vos dômes sacrés descendre et se pencher ?
N'entendez-vous jamais des doux concerts des anges
    Retentir l'écho du rocher ?

Quoi ! l'ame en vain regarde , aspire , implore , écoute ;
Entre le ciel et nous est-il un mur d'airain ?
Vos yeux toujours levés vers la céleste voûte ;
    Vos yeux sont-ils levés en vain ?

Pour s'élancer, Seigneur , où ta voix les appelle ,
Les astres de la nuit ont des chars de saphirs ,
Pour s'élever à toi , l'aigle au moins a son aile :
    Nous n'avons rien que nos soupirs.

Quoi ! la voix de tes Saints , s'élève et te désarme ;
La prière du juste est l'encens des mortels.
Et nous , pécheurs , passons ; nous n'avons qu'une larme
    A répandre sur tes autels !

Extrait de l'OPINION DU MIDI, Journal Religieux et Littéraire du Gard, du 7 juillet 1854. N° 278.

On nous écrit de Rome, le 30 juin :

« A peine le poète Reboul avait-il quitté la ville éternelle, que le 12 de ce mois, M. Vivès (Joseph-Benjamin), magistrat, homme de lettres, inspiré par le même sentiment religieux, y arrivait, à son tour, pour demander la bénédiction apostolique, et déposer aux pieds du Souverain-Pontife, son ouvrage religieux sur la Grande-Chartreuse du Dauphiné, et d'autres opuscules non moins remarquables par la pureté des principes, que par l'étendue et la variété des connaissances littéraires.

» Recommandé aux trois généraux de la division d'occupation française, à Rome, M. Vivès y a été accueilli avec la plus grande bienveillance, et présenté, dès le lendemain de son arrivée, à *S. Excel. M. le Comte de Rayneval*, ambassadeur de la cour de France près le Saint-Siége, lequel s'est empressé de demander pour le poète religieux une audience de Sa Sainteté Pie IX.

» Pendant son séjour dans la capitale du monde chrétien, M. Vivès a eu l'honneur d'être reçu plusieurs fois à l'ambassade de France et au palais du Vatican. Là, Son Em. Mgr le *cardinal Antonelli*, ministre d'Etat, a daigné accepter de lui une pièce de vers sur *Rome antique et Rome moderne*, et une élégie composée à l'occasion de deux illustres défunts, LL. EE. les cardinaux *Lambruschini* et *Fornary*, membres du Sacré-Collége.

» Mgr Antonelli , en témoignant sa satisfaction de la manière la plus flatteuse au poète inspiré, lui a donné sa bénédiction , et a pressé affectueusement sa main ; Son Em. a également examiné , avec intérêt , l'ouvrage destiné à être offert en hommage au vicaire de Jésus-Christ.

» Souvent, aussi, NN. SS. *de Ségur*, auditeur de la Rote , *de Falloux*, chanoine de Saint-Pierre, et frère de l'ancien ministre de l'Instruction publique, ont encouragé et accueilli M. Vivès avec une rare bienveillance ; enfin , *S. A. S. le Prince Gustave de Hohenlohe*, NN. SS. de *Mérode*, camérier secret du Souverain-Pontife, *Borroméo*, maître de chambre de S. S., et le Révérend Père de *Villefort*, secrétaire-général de la Compagnie de Jésus, l'ont honoré des mêmes témoignages d'intérêt.

» C'est donc sous les auspices de l'élite du clergé romain, que M. Vivès , présenté par S. A. S. le *prince de Hohenlohe* et Mgr *Borroméo*, a eu l'insigne honneur d'être reçu en *audience particulière*, le 26 juin , au palais du Vatican, par le Prince des Apôtres.

» Sa Sainteté dont tout le monde connaît l'ineffable douceur et l'affection paternelle , a daigné accepter , avec le sourire de la bonté, l'offrande littéraire du poète chrétien , et s'est longuement entretenue avec lui.

» Prosterné aux pieds de l'auguste chef de l'Eglise , M. Vivès, après avoir reçu la bénédiction apostolique, du successeur de saint Pierre, lui a présenté la supplique suivante:

« *Sanctissimo Domino nostro Pio P. P. M. IX.*

» BEATISSIME PATER !

» D. Josephus-Benjaminus Vivès, litterator et poeta chris-
» tianus, ad pedes Sanctitatis Vestræ provolutus, humiliter
» obsecrat Beatitudinem Vestram ut sibi, consanguineis affi-

» nibusque usque ad tertium gradum inclusivè, indul-
» gentiam plenariam in articulo mortis, necnon et paternam
» Benedictionem impertiri dignetur. — Quod Deus ! »

Au bas de cette supplique, le Souverain-Pontife a *écrit et signé de sa main* :

« Roma, die 26 junii 1854.
» *Benigne annuimus pro gratia ser*,
» Pius P. M. ix. »

Ce rescrit est contresigné en ces termes par S. Em. Mgr le cardinal Antonelli, premier ministre, et par S. A. S. Mgr le prince Gustave de Hohenlohe :

« *Il presente rescritto é fatto dalla mano di Nostro Signore Sua Santita Papa Pio Nono.*

» G. de Hohenlohe, G. Card. Antonelli.
» A resc. D. M. »

» Les grands sceaux du gouvernement pontifical apposés à cette pièce en attestent l'authenticité.

» Enfin, une relique de la *vraie croix de N. S. J.-C.*, scellée à un brevet, a été aussi donnée à M. Vivès qui emportera de la Ville Sainte ces précieuses récompenses, bien dignes de favoriser l'essor de ses méditations religieuses, en les rendant encore plus fécondes!

» Nous donnons ici deux pièces de vers qui ont été offertes au Souverain-Pontife par M. Vivès. Les éloges qu'elles lui ont valus des plus hauts dignitaires de l'Eglise Romaine, seront ratifiés, nous en sommes certain, par tous les hommes de piété et de goût qui aiment que la poésie unisse l'inspiration religieuse aux sévères beautés de la forme. »

ROME ANTIQUE ET ROME MODERNE.

STANCES D'UN CHRÉTIEN EN 1854.

———

Æternæ patriam præpono coronæ.

Quel spectacle étonnant s'offre à mes yeux surpris !
Pour la première fois dans la ville éternelle
J'entre !... et je vois partout la lumière immortelle
Du dôme de Saint-Pierre éblouir les parvis !

Mais, reine des cités ! ton antique splendeur
Se trouve, de tombeaux, tristement entourée :
La croix seule est debout, comme l'arche sacrée,
Comme un phare éclatant aux yeux du voyageur !

Ici, de tes grandeurs les restes sont confus :
Le silence est assis sous tes voûtes antiques ;
Que sont donc devenus tes palais, tes portiques
Dont les arcs mutilés sont partout suspendus ?..

Ton puissant Capitole, effroi des nations !
Qui se parait, jadis, des dépouilles du monde ,
Des barrières du Nil aux rives de Golconde ,
N'arme plus, aujourd'hui, ses fières légions !

Tes spectacles cruels ne sont plus en honneur,
L'argile de tes Dieux ne lance plus la foudre ;
L'auguste front des Rois a secoué la poudre
Qui les courba, longtemps, sous la main d'un licteur !

Du règne des tyrans et d'un peuple importun
Que l'on vit, tant de fois, sur la place fameuse,
S'agiter comme un flot d'une mer orageuse ,
Parle ! que reste-t-il ?... Pas même un seul tribun !...

Rome !... voilà les fils de BELLONE *et de* MARS,
L'honneur de tes conseils, l'appui de tes murailles ,
Qui labouraient les champs et gagnaient des batailles ,
Qui promenaient partout les aigles des Césars !!

Moins grand, moins redouté, paraissait auprès d'eux,
Entouré de soldats, MARIUS inflexible ;
Aux portes du Sénat s'assied le spectre horrible
Des fils dégénérés de ces pères fameux!...

L'affreux *Scylla* le suit les yeux étincelants ;
Illustres conjurés, les *Brutus*, les *Cassie.*
Frappent *Jules César* pour sauver la patrie ,
Et ne l'arrachent pas à ses déchirements.

Mais ces traîtres, par eux, méconnus trop longtemps,
Voyez-les s'enivrer de sang, insatiables,
Relever de *Scylla* les tables effroyables,
A la place du maître, élever trois tyrans !

Transformer en bourreaux leurs farouches soldats ;
Faire un lâche trafic des plus grandes victimes ;
Par des crimes unis, divisés par des crimes ,
Et voler d'une orgie à des assassinats!

Mais *Octave* parait ! et bientôt à sa voix ,
Rome, brisant ses fers, devient moins idolâtre
Du cirque ensanglanté, des pompes du théâtre,
Car elle voit renaitre et la paix et les lois !..

Jadis, aux feux naissants d'un jour pur, radieux,
Des flots de spectateurs inondaient ses portiques ;
Mais elles ont cessé ces fêtes magnifiques,
Les échos sont muets aux cintres caverneux.

Dignes d'un peuple-roi ! dignes des immortels !
Aux chants religieux de la pompe sacrée,
Se mêlaient les accents de la foule enivrée ,
Quand l'encens, vers les cieux, s'élevait des autels !

Les cris bruyants de joie au bruit confus des chars ,
L'or, la pourpre flottaient sur l'arène embrasée ,
Des voûtes, les parfums, descendaient en rosée,
Sur les marbres polis s'asseyaient les Césars !!

De ces gouffres sortaient, trainés par des soldats,
Ces tristes combattants qu'une vierge timide,
Vestale dévouée, et tremblante et livide ,
Condamnait, d'un signal, aux horreurs du trépas!

Son œil suivant le fer dans le cœur palpitant ,
La victime expirait.... et ces peuples féroces
De leur joie inhumaine et de leurs cris atroces,
Proscrivaient le vaincu d'un geste menaçant *!*

Rome, dont le chrétien maudit les cruels jeux ,
Même alors qu'il admire et vante ton génie ,
Que ton sort est changé ! que le Ciel t'a punie
De l'inhumanité qui plaisait à tes dieux !

L'herbe croît dans ces murs où brillaient tes splendeurs,
Et Babylone et Tyr du Dieu vivant frappées
Dans un deuil moins affreux seraient enveloppées ,
S'il ne l'avait rendu sa croix et ses pasteurs !!!

ÉLÉGIE.

Après son apostolat sur la terre, l'ange des consolations remonte au ciel.
In memoriâ æternâ erit justus.

Ministres du Seigneur, ouvrez la noire enceinte,
    Silencieuse région ,
  Où des morts protégés par la religion ,
  Dans une nuit auguste et sainte ,
    Dort la muette légion. ...
Et toi, dont le flambeau dans les airs se promène ,
Lune mélancolique, entends mes tristes sons ,
Au pâle demi-jour que versent tes rayons
Des *Luigi*, *Fornary*, montre-moi le domaine ,
    Je demanderai des leçons
      A leur âme pure et sereine !
Célèbres cardinaux qui soulagiez nos maux ,
Je contemple, à genoux, vos faces angéliques ;
Vos lèvres murmurant des mots évangéliques
    Dominent les sombres tombeaux !!...

De votre apostolat a fini la carrière ,
    Si sublime par la vertu !
D'une sainte fierté par elle revètu
Vous pouvez , bienheureux , regarder en arrière ,
Car remplissant de paix votre heureux souvenir
    Au jugement de l'avenir,
Sans crainte , vous livrez votre existence entière !...
Ainsi dans le séjour des larmes et du deuil
La vérité s'explique à l'homme solitaire ,
Quand ici tout finit , la clarté salutaire
    Rayonne sur leur froid cercueil !

. . . .

. . . .

Dans les airs obscurcis d'un voile de ténèbres
Pour eux l'airain sacré sonnait lugubrement ,
Et Rome répétait à ce dernier moment
Les pleurs du *Saint-Pontife* et les honneurs funèbres
    Réservés à leur monument !!...

. . . .

. . . .

Je me rends auprès de leur cendre
Et , la suivant aux lueurs des flambeaux ,
Je ne vois plus ce gouffre de tombeaux
Où chacun de nous doit descendre ;
    Et dans les chants religieux
Qui vont ouvrir aux saints la barrière des cieux ,
    Je trouve je ne sais quel charme
    Plus séduisant et plus pieux !
Ah ! comme en ce moment je sentis dans mon âme
S'émousser l'aiguillon dont s'armait la douleur ;
La tombe disparut..... et sa lugubre horreur
    Cédant à des rayons de flamme,
La vertu les para de toute sa splendeur !

O douce ! ô consolante image !
Je crus voir du sommet des cieux
La *Vierge-Immaculée*, au regard radieux,
Descendre..... et leur porter un plus touchant hommage
Sa bouche publia leur vive piété,
Et le charme de l'innocence
Couronna des vieillards le front transfiguré !
Illustre Fornary ! ce jour, dans ma mémoire
Eternise ton nom !... *Lambruschini*, ta gloire !
L'un et l'autre debout, auprès d'un grand cercueil !
Saint-Père bénissez ces grands noms dont la vie
A su désespérer l'envie,
Aigrissant le plaisir que promettait leur deuil !

Dès son retour de la ville sainte, M. Vivès a publié la pièce suivante :

A LA PIÉTÉ DES HABITANTS DE NIMES

SUR L'ÉRECTION DE L'ÉGLISE SAINTE-PERPÉTUE EN 1854.

Laudate Dominum omnes gentes ;
Laudate eum omnes populi.

Votre noble cité fonde une basilique
Pour célébrer de Dieu la gloire et les bienfaits ;
Vos vœux persévèrants ne sont plus imparfaits,
Car l'assise s'élève et prend la forme antique.
Tout peuple qui n'a pas d'autel, ni de saint lieu,
Aux progrès de la foi directement s'oppose,
Et sur la piété l'homme en vain se repose
    Sans un édifice de Dieu.

C'est au pied des autels que l'âme se recueille :
C'est là que l'affligé se console toujours,
Lorsque les soins du monde ont délaissé ses jours
Dans le temple sacré l'Eternel les accueille ;

Le pauvre, qui s'incline et prie avec ferveur,
Voit s'effacer le poids d'une vie importune
Et jamais il ne sent sa pénible infortune,
    Près de l'image du Sauveur !

Le riche, dont le cœur se refuse à la joie,
Au fond du sanctuaire épanche son chagrin,
Et quand il a prié l'arbitre souverain,
Rarement à la peine il est encore en proie.
Le courage renaît dans ce séjour sacré,
Comme un arbre épuisé par des chaleurs brûlantes
Sent bientôt ranimer ses branches chancelantes,
    Lorsqu'un air pur l'a pénétré.

Quel cœur n'est pas ému ! quelle âme est insensible
Quand la cloche du soir murmure lentement,
Et semble être un écho des voix du firmament,
Descendu, parmi nous, sur une aile invisible !
Le pâtre, en écoutant ce bruit religieux,
S'agenouille, un moment, sur l'agreste colline,
Et, tandis que du Ciel la lumière décline,
    Il élève son âme aux Cieux !

Rien peut-il égaler la pompe solennelle
De chaque sacrifice offert dans le lieu saint !
De festons éclatants le tabernacle est ceint ;
L'autel est inondé de lumière éternelle ;
La prière se mêle à de pieux concerts,
Le retentissement qui surgit des cantiques
De l'asile sacré domine les portiques,
    Et monte sur l'aile des airs.

Des enfants rassemblés près d'un pasteur auguste
Ornent le sanctuaire et font fumer l'encens;
L'amour de la vertu pénètre dans leurs sens,
Et chacun d'eux promet d'être bon , d'être juste.
Sans la religion qui les lie au devoir,
Que seraient devenus ces enfants dans le monde ?
Ils auraient fait un pacte avec le vice immonde
    Même sans s'en apercevoir !

Tous les lieux dénués de pasteurs et de culte
Ressemblent aux buissons qui n'ont pas une fleur ;
Leur nudité stérile inspire la douleur ;
L'œil se porte à regret sur leur nature inculte.
Donnez à ces buissons quelques soins seulement,
Vous les verrez fleurir et redoubler de sève ;
Mais comment voulez-vous que la tige s'élève
    Quand elle manque d'aliment ?...

Sachez vous rappeler la sainte parabole :
Le grain que vous semez dans un terrain pierreux,
Au lieu de vous payer par des épis nombreux,
Ne vous produira pas la valeur d'une obole,
Tandis qu'en le jettant dans la terre de choix,
La moisson deviendra tellement abondante,
Qu'elle réclamera la faucille mordante
    Plus de septante fois sept fois.

A son nouveau parvis le prêtre vous convie ,
Appelant votre zéle et votre piété ;
Vous devez l'existence à la divinité,
Montrez-lui plus d'amour et plus de sympathie !

Donnez... donnez suivant le bien que vous avez ;
Pour adorer le Christ formez un sanctuaire,
Et lorsqu'on ouvrira le livre obituaire
    Vos noms y paraîtront gravés.

Puis on lira : « *Ceux-ci fondèrent ce saint temple ;*
» *Ses bases sont le fruit de leurs dons généreux,*
» *Maintenant le soleil ne brille plus sur eux,*
» *Mais il éclaire encor des objets qu'on contemple :*
» *Cette nef, ces autels, ces murs, ces ornements,*
» *A leur sainte ferveur doivent leur existence,*
» *Qu'ils reçoivent au Ciel la juste récompense*
    » *Que Dieu réserve à ses enfants !!... »*

JOSEPH-BENJAMIN VIVÈS.

**Extrait de L'OPINION DU MIDI, journal religieux et littéraire
du Gard, du 24 octobre 1854, n° 325.**

« Par dépêche du 21 de ce mois , S. Em. Monseigneur
l'Archevêque de Nicée , Nonce apostolique du Saint-Siège ,
près la cour de France , a informé M. Vivès (Joseph-Benjamin), homme de lettres, que S. S. Pie IX, venait de lui accorder une magnifique médaille en or , à son auguste effigie ,
comme nouvelle marque de sa haute bienveillance pour les
ouvrages religieux dont il avait bien voulu lui faire hommage.

» Nos prévisions se sont réalisées , car en insérant dans
nos colonnes les compositions littéraires qui avaient valu à
M. Vivès les éloges les plus flatteurs des Princes de l'Eglise
romaine , nous pressentions qu'il ne tarderait pas à été
l'objet de la nouvelle et juste récompense qui vient de lui être
accordée. »

On lit dans le même journal à la date du 1er novembre suivant , n° 328 :

« Nous annoncions , dernièrement , que *S. S. Pie IX* ,
avait daigné accorder à M. Joseph-Benjamin Vivès , une magnifique médaille en or que *Mgr Sacconi* , archevêque de
Nicée, Nonce apostolique près la cour de France, était chargé
de lui faire parvenir. Cette médaille , du plus grand module,
est aujourd'hui entre les mains de M. Vivès, qui a bien voulu
nous la montrer. En voici la description :

» Placée dans un riche écrin, elle présente , sur la face ,
les traits augustes du Souverain-Pontife, avec cette légende :
Pivs IX Pontifex Maximvs , anno IX. Au revers , on voit

le Sauveur du Monde bénissant trois petits enfants ; autour du groupe divin sont gravées ces paroles : *Sinite parvvlos venire ad me ;* au-dessous : *Pveror. edvcationem instavrat avget ;* et en exergue : *Datvm dilecto filio nostro in Christo Domino Josepho-Benjamino VIVÈS, egregie litteris imbuto. Roma, die XXVI junii MDCCCLIV, et anno Pontificatùs nostri nono.*

» Il est impossible de voir quelque chose de plus pur et de plus correct que l'exécution de cette magnifique médaille dont nous félicitons l'heureux possesseur.

TABLE DES MATIÈRES.

Nimes. — Typ. Soustelle-Gaude , boul St-Antoine, 9.